自己肯定感にいいこと超大全

自分が嫌い＆周りの目にビクビク……
モヤモヤが1時間でスーッと晴れる！

トキオ・ナレッジ

宝島社

はじめに

「この選択は正しかったのだろうか」
「他の人になんと思われているのか気になる」
「自分はいつも失敗ばかりでダメな人間だ」

このように思うことはないだろうか。

自分に自信が持てない。常にネガティブな方向へ考えてしまう。
このように自分の在り方を前向きに評価できず、
自分の価値を否定してしまう人は「自己肯定感が低い」と言われる。

「自己肯定感」は最近よく耳にするキーワードだ。
自分自身の人生を支えるエネルギー源と言ってもよい自己肯定感。
この自己肯定感が低いままだと、本来持っている自分の能力を活かせず、
十分なパフォーマンスを発揮することもできない。
仕事でも恋愛でも損をしてしまうのである。

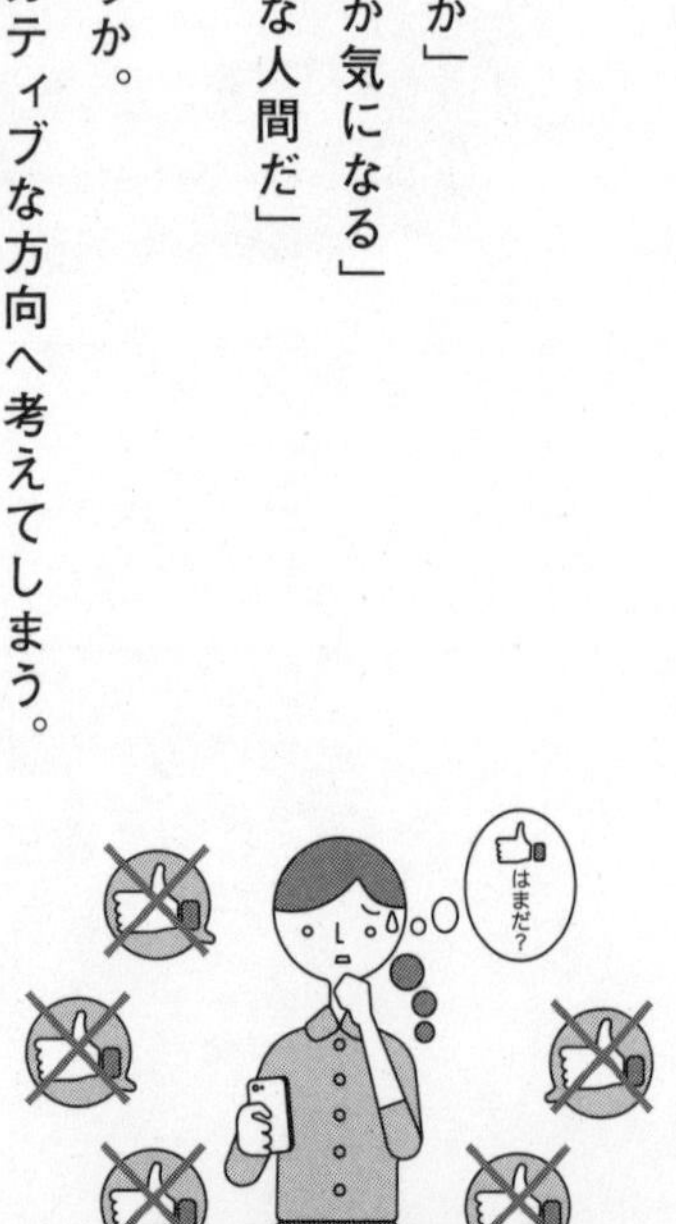

ただ、自己肯定感の低い人は、「どうせ私なんて」とあきらめないでほしい。
自己肯定感は誰でも、後天的に高めることができる。
難易度の高いテクニックはいらない。ちょっとした思考の転換でよいのだ。

本書では、自己肯定感が低くなる原因を解説したのちに、
自己肯定感を高める方法を数多く紹介する。

たとえば、自分の思いを紙に書き出して「見える化」することで、
ポジティブ思考を身につけることができる。
また、口に出すだけで自己肯定感の高まる言葉もたくさんある。

何かひとつでもいい。ぜひ実践してみてほしい。
きっと少しずつ、道が切り開けてくるはずだ。
本書が、あなたの将来を輝かしいものに導く一助となれば幸いである。

2021年6月吉日　トキオ・ナレッジ

自己肯定感にいいこと超大全 目次

第2章 原因はいろいろ！「自己肯定感」が低くなるメカニズム

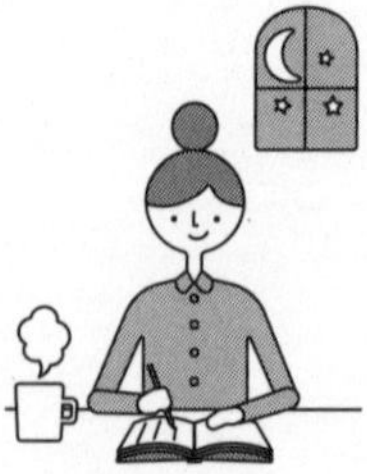

第3章
「自己肯定感」を高める思考習慣

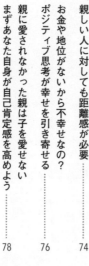

第4章 自分を好きになる 魔法の言葉集&行動習慣

第5章
自己肯定感アップを助ける プラスアルファのテクニック

第1章

自己肯定感の意味をちゃんと知ろう

あなたは低い？ それとも高い？「自己肯定感」チェック

はじめは自分自身、自己肯定感が高いのか、
低いのかを把握することが大切。
あなたがどのタイプの「低」自己肯定感かを分析しよう。

最近よく聞く言葉「自己肯定感」そもそもどういう意味か知っている？

KEYWORD 自分軸、他人軸

自分自身を受け入れると私らしく生きられる

「自己肯定感」というキーワードを耳にする機会があるのではないだろうか？　自己肯定感とは、ありのままの自分を自分自身が認めることであり、自分らしく生きるために必要なものである。

ありのままの自分は、長所だけでなく、短所も含んでいる。短所に対して「自分はダメなところがあり、よい人間ではない……」と考えてしまうのが、自己肯定感が低い人だ。自分自身に自信が持てず、失敗したときには強く自分を否定してしまい、他人に気を使い過ぎるという特徴がある。

一方、自己肯定感が高い人は自分に対して自信があるので、仮に失敗した場合でも「またがんばろう」と前向きに考えられるし、他人の評価も気にしない。

このように自己肯定感が高ければ、あるが

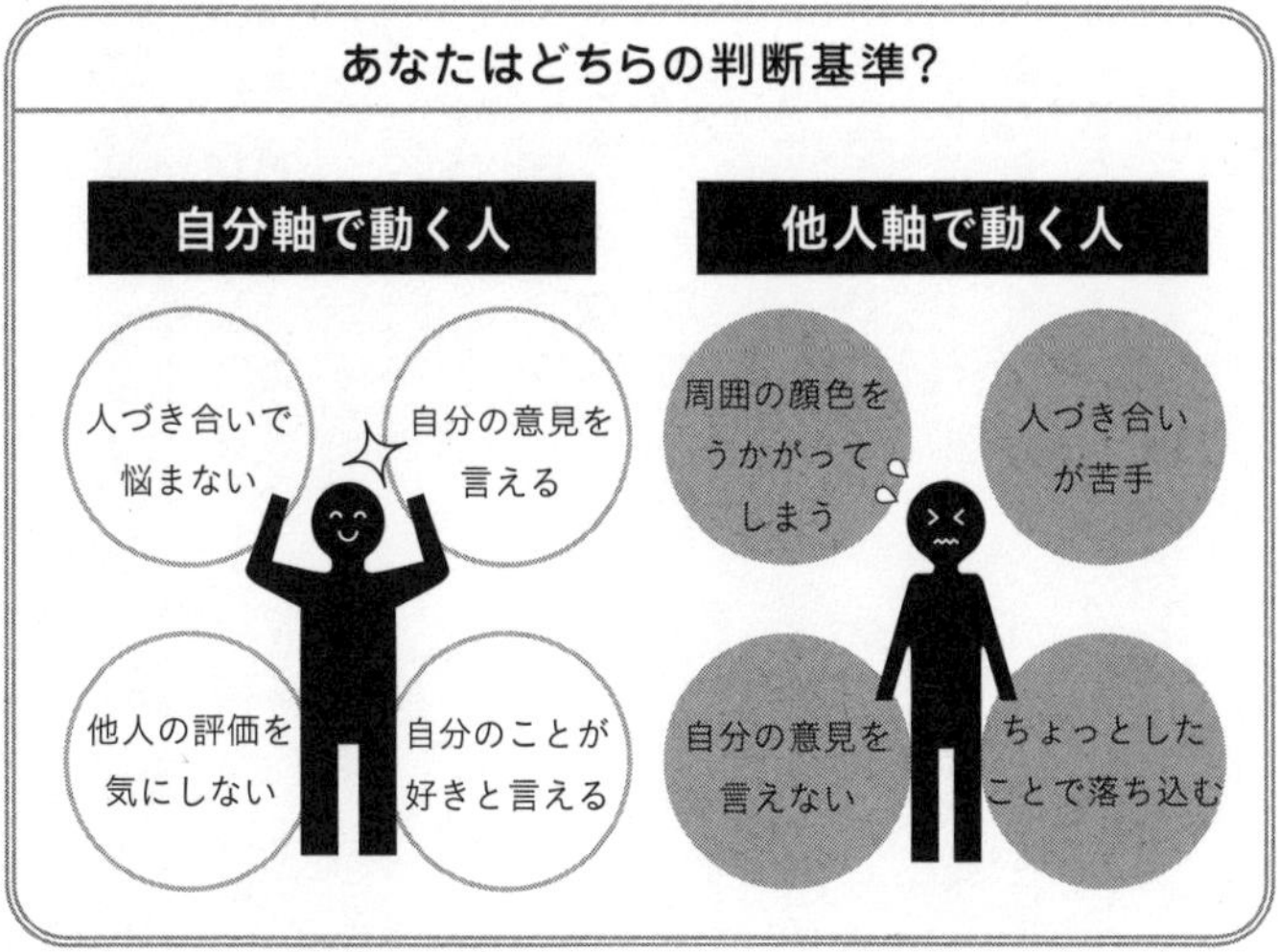
あなたはどちらの判断基準？
自分軸で動く人
他人軸で動く人
人づき合いで悩まない
自分の意見を言える
他人の評価を気にしない
自分のことが好きと言える
周囲の顔色をうかがってしまう
人づき合いが苦手
自分の意見を言えない
ちょっとしたことで落ち込む

ままの自分を受け入れられるようになる。その自己肯定感を考える上で重要なのが、「自分軸」「他人軸」というキーワードだ。

他人軸で生きている人は、他人を基準として行動してしまう。周囲の目や他人の評価などが気になってしまい、自分の考えよりも他人の考えを優先しがちである。それに対して、自分軸で生きている人は、他人の評価を気にせず、自分の考えに従って行動できる。

自分軸で生きている人ほど、自己肯定感が強いと言ってよいだろう。自己肯定感を高めたいなら、まずは今の自分が、他人軸と自分軸のどちらで生きているのかを見極めなければならない。

他人軸で生きているせいで自分のことを否定しがちな人は、自分軸の生き方へと変えていくようにしよう。

あなたは自己肯定感が高い？　低い？
こんなことに当てはまったら自覚して

KEYWORD　依存、現実逃避

さまざまな人やものへの依存、現実逃避などに走りがち

自己肯定感が低い人は自信を持てず、劣等感を抱きがちで自己嫌悪にも陥りやすい。

感情をうまくコントロールできないという特徴もある。そのため、ちょっとしたことで落ち込んでしまうし、反対にちょっとしたことで怒ってしまうこともある。

ネガティブな面ばかりを見てしまうので、周囲とうまくコミュニケーションが取れず、孤立してしまうことも多い。そうした誰にも頼れない環境が、さらに自分自身を追い詰めることになってしまうという、負のスパイラルに陥る状態も珍しいことではない。

自己肯定感が低いことでつらい状態から脱しようとして、ハマってしまう、次の3種類の行動を取る人も多い。

ひとつ目は「他人に依存する」。自分自身で自分を肯定する代わりに、他人に自分を肯

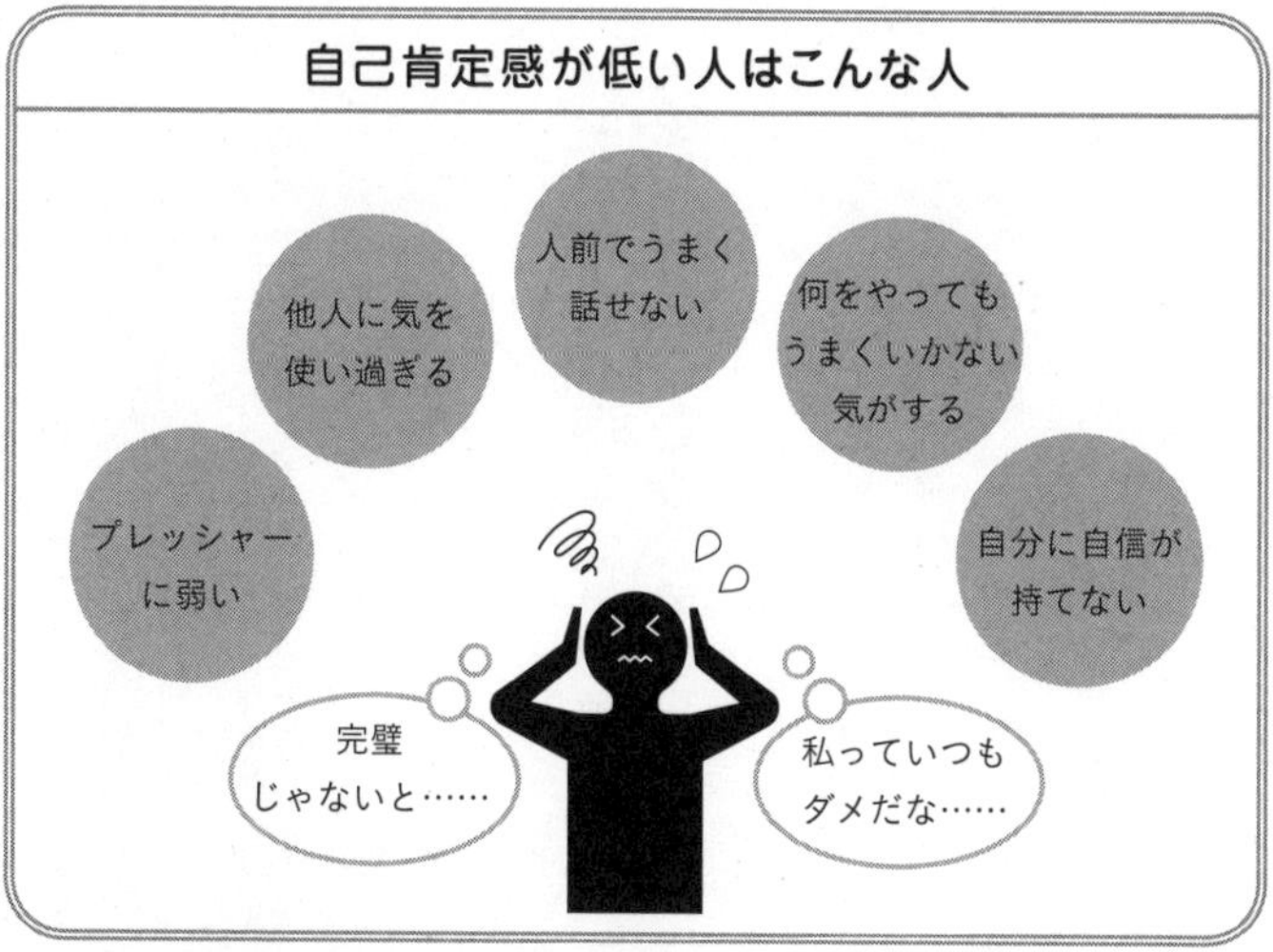
自己肯定感が低い人はこんな人
人前でうまく話せない
他人に気を使い過ぎる
何をやってもうまくいかない気がする
プレッシャーに弱い
自分に自信が持てない
完璧じゃないと……
私っていつもダメだな……

定してほしくて依存するのだ。

２つ目は「他人を支配しようとする」。偽物でもいいからパワーがほしくて、ＤＶやハラスメントなどを他人に行ってしまう。

３つ目は「現実逃避」。つらい気持ちを緩和するため、何かに依存する。酒やギャンブルなどだけでなく、ＳＮＳに依存する人も多い。

自己肯定 知っ得MEMO

世間で話題の“繊細さん”の自己肯定感は？

2018年に出版された書籍『「気がつきすぎて疲れる」が驚くほどなくなる「繊細さん」の本』が話題となった。繊細さんは敏感過ぎて人間関係でストレスを感じる。周囲の顔色を気にする傾向があり、自己肯定感が低いと言える。

自己肯定感が低い人は仕事でも恋愛でも損ばかりしている

KEYWORD 損

イヤなことを押しつけられてもうまく断ることができない

私らしく生きるためには自己肯定感が高くないといけない。では、自己肯定感が低いと、どういう生き方になるのだろうか？

まず、周囲のプレッシャーに流されやすくなるので、自分自身が本当は何をしたいのかを見失いがちだ。自分では別にやりたくないのに、周囲の目を気にしてやっているという人は多いのではないか？

自分に自信がないので、仕事や家庭、恋愛などのさまざまな人間関係において自分を出せず、うまくいかない。

イヤなことを押しつけられて、損ばかりしている人も多い。自己肯定感が低い人は他人軸で生きているため、頼みごとがイヤでもうまく断ることができないのだ。

自己肯定感が低いと、他人から軽視されてしまうという傾向もある。周りと対等な人間

自己肯定感が低い人はこんなに損をしている!

恋愛

自分に自信を持てないので、なかなか告白できず、恋が進展しない。

仕事

ひとりで仕事を抱え込み過ぎて、定時で帰れないことが多い。

家事

完璧にやらないとと思い、疲れてしまう。子育てもうまくいかない。

人間関係

不安で自分の意見を言えず、コミュニケーションが不足しがちに。

関係が築けないので、健全なコミュニケーションが取れない。

　自分を変えたり、向上させたりするための努力ができないという問題も起きる。自己肯定感が低いと「努力したって、どうせ自分はダメだ」と考えるため、努力のための行動をはじめたとしても長続きしないのだ。

自己肯定 知っ得MEMO

自己肯定感が低いと部屋も片づけられない

部屋が乱雑な人は、自己肯定感が低いのかもしれない。「自分は何もやり遂げることができない」という思い込みがあると、最後まで整理できない。結果、汚くなった部屋を見て、さらに自分に対する評価を下げてしまうのだ。

自己肯定感の低い人にはこんな特徴がある あなたはどのタイプの人？

KEYWORD 6つの感覚

自己肯定感を構成する6つの感覚が下がると大変な状態に

自己肯定感は6つの感覚によって構成されていると言われている。

6つの感覚とは、「自尊感情」「自己受容感」「自己効力感」「自己信頼感」「自己決定感」「自己有用感」と呼ばれるものだ。

これらの感覚が満たされることで、人は自分自身を価値あるものとして肯定できるのだ。

裏を返せば、これらの感覚が満たされないと人は自分自身に価値があると考えることができなくなる。

つまり、自己肯定感が低い状態は、これらの6つの感覚のどれかが下がってしまっていることが原因なのだ。

左のページでA～Fにまとめた通り、6つの感覚のどれかが下がると自己肯定感は低くなる。A～Fは20～31ページで詳しく紹介するので、そちらも見ていただきたい。

「低」自己肯定感な人　6タイプ

A「自分がイヤ」さん

毎朝、鏡を見て自分のイヤなところばかり目についてしまう。SNSで「いいね！」が来るまで不安でしかたない。このように自分を大切と感じられず自分を好きと思えない人。

B「イライラしがち」さん

学校や職場で他人からちょっと注意されただけで深く落ち込んでしまう。自分のペースを乱されると苛立ってしまう。このように、ありのままの自分を受け入れられない人。

C「いつも消極的」さん

自分にはできる！　と思えなかったり、やる気が起きなかったりと、直面している問題を克服できるという自信がない人。「〜ねば」「〜べき」という考えにもとらわれがち。

D「自分にはムリ」さん

やると決めたことなのに、周りの人の目が気になり、いつまでも迷ってしまうなど、自分を信じられる感情が弱い。自分ではなく他人の価値観で物事を評価してしまう。

E「いつも後悔」さん

朝出かける前に着ていく服をいつまでも決められない。一度決めたことでも、本当にこれでよかったのかと悩んでしまう。自分の意志で人生をコントロールできない人。

F「どうせ私なんて」さん

何かに挑戦しても「私なんて」とすぐにあきらめてしまう。自分とペースの違う人に苛立つなど、他人への思いやりが薄い。自分が誰かの役に立っていると思える感情が弱い人。

「低」自己肯定感タイプA
私には価値がない！「自分がイヤ」さん

KEYWORD 自尊感情

自分自身に価値があるとは感じられなくなってしまう

自己肯定感を構成する6つの感覚のひとつ、「自尊感情」が損なわれていると、「自分がイヤ」という状態になる。

この自尊感情は自分自身に価値があると思える感覚で、自己肯定感にとって根幹とも言える重要な部分である。

その重要な自尊感情が減ってしまった「自分がイヤ」な人は、自分に対する価値が感じられなくなっている状態と言える。そのため、周りの人々と自分を比べては、「他の人たちと違って、自分にはなんの価値もない……」と深く落ち込んでしまう。

この状態になると、自分の中にわき起こった感情を受け入れられないという傾向も生じてしまう。自分の喜怒哀楽のさまざまな感情を否定してしまうのだ。

自分の感情だけでなく、アドバイスなどの

他人からの言葉も素直には受け入れづらくなる点も問題だ。

また、自尊感情が減少しているので、自分が成功することすら受け入れることが難しくなり、仮に何かのチャレンジに成功したとしても、「自分なんかが成功していいのか？」と考えるようになってしまう。

自己肯定 知っ得MEMO

自分を否定して他人への嫉妬も強くなる

「自分がイヤ」となってしまった人の典型的な口グセは、「私なんて」「私だってがんばっているのに、あの人だけ」など。自分への評価が極端に下がるため、自分を否定する言葉が出る。それと同時に他人への嫉妬も強くなるのだ。

「低」自己肯定感タイプB
今の自分じゃダメ！「イライラしがち」さん

KEYWORD 自己受容感

自分のことが好きになれず不安定な精神状態になる

「イライラしがち」な人が、イライラしてしまうのは、今の自分を好きになれないからである。ありのままの自分を認める「自己受容感」が失われてしまったため、自分のことを受け入れられない。

これまでのページで、自己肯定感は「よいところも悪いところも含めて、ありのままの自分を自分が認めること」と解説してきたが、自己受容感が減ってしまうと、自分を認めることなど、到底できない。

そんな状態では、安定した穏やかな精神状態は得られないだろう。

精神的に不安定な状態になってしまうため、他人の意見に流されやすくなる。環境や状況が変わった際にも、その影響で自分の意見が変わってしまうのだ。

不安定な精神状態のため、軽い指摘を受け

ただけでもショックを受けているし、ちょっとした失敗でも大きく落ち込む。

過去の失敗もなかなか忘れることができず、引きずってしまうことが多い。未来に対しても必要以上に心配して、不安も抱いてしまう。こうした心理状態なので、現在の目の前の問題に集中しづらくなるのだ。

自己肯定 知っ得MEMO

自分のよい面も悪い面も受け入れられない

「イライラしがち」な人は、自分のよい面も悪い面も受け入れられないので、「どうせ失敗する」「いつも○○○しない」「○○だから、ダメなんだ」などと、口にしがちだ。そんな自分を変えることもムリと思い込んでいる。

「低」自己肯定感タイプC 自己効力感の弱い「いつも消極的」さん

KEYWORD 自己効力感

自分に自信が持てないので積極的に行動できない

「自己効力感」とは、何らかの目標を自分が達成できると感じることである。たとえば、ちょっとした幅の小川を飛び越える場合、「このぐらい余裕だ」と思ったときは自己効力感があると言えるし、「難しそう……」と思ったときは自己効力感がないと言える。

「いつも消極的」な人は、自己効力感が減っているため、何をするにしても「うまくできないんじゃないか……」「どうせムリに決まっている……」と不安を感じてしまい、積極的になれないのだ。

失敗を恐れて行動しなくなったり、行動するとしても失敗するという前提で本気で取り組まなくなる。

こうした精神状態では、あらゆるものをネガティブな視点で見てしまう。自分のことを「こんな消極的な自分はダメだ」と低く評価

する。それだけでなく、他人のことも悪い面ばかり見て否定的に感じるようになる。他人の態度も、自分に対しての悪意を含んだものと誤解するようになるのだ。

自分の行動に対して積極的でないため、行動の結果に対しても「これは誰かのせいだ」と考える傾向がある。

自己肯定 知っ得MEMO

自分の可能性を信じてないので挑戦から逃げる

「いつも消極的」な人の典型的な発言は、「忙しい」「疲れた」「つらい」などだ。自分にできると思わないので、失敗が怖くてチャレンジから逃げたいと考えている。挑戦しない言い訳を先回りして口にしているのだ。

「低」自己肯定感タイプD
私にはできない！「自分にはムリ」さん

KEYWORD 自己信頼感

自分の価値観が信じられず無気力状態になってしまう

その名の通り、自分に対する信頼の感覚である「自己信頼感」。自分自身の考えや価値観などを信じられる人は、この自己信頼感をしっかりと持っている。他人の考えや基準などに左右されず、自分自身を信じて行動することができるのだ。

だが、自己信頼感が弱くなってしまっている人は自分を信じられず、無気力であることが多い。そのため、何に対しても「自分にはムリ」という態度になるのだ。

自分のことを信じられない状態のため、不安をいだきやすく、さまざまなストレスを強く感じやすくもなっている。

自己信頼感は、自分を信じることができる感覚だが、必ずしも自分が正しいから自己信頼感を得られるわけではない。自分が正しい場合でも間違っている場合でも、どちらにお

いても自分の感覚を信じられるのが、自己信頼感なのだ。
　つまり、自己信頼感が失われると正しいことをしていても、それが正しいとは感じられなくなってしまう。自分の価値観や判断が信じられないので、周りの目を気にする「他人軸」の生き方から離れられないのだ。

自己肯定 知っ得MEMO

自分の意志より他人や世間の空気を優先する

「自分にはムリ」と考えがちな人は、「常識」「普通」「当たり前」といった言葉を口にすることも多い。自分自身の価値観を信じられなくなっているので、自分の意志ではなく、世間の常識や空気などに従うのだ。

「低」自己肯定感タイプE
これでいいのかな？「いつも後悔」さん

KEYWORD 自己決定感

自己決定感がないとモチベーションも下がる

自分のことを自分で決める。当たり前のことと思うかもしれないが、非常に重要なことである。なぜなら、人生において自分のことを自分で決められる状態は、自分の人生を自分でコントロールしていると言い換えられるのだから。この「自己決定感」が失われている状態だと、自分自身の人生のはずなのに、自分の好きなように生きることが不可能と感じてしまう。幸福感も激しく減少する。

人生が好ましいものでなくなるので、「いつも後悔」するような状態となるのだ。

人が何か行動を起こして失敗した際には、自己決定感があるかないかで、その人の精神状態は大きく変わる。

自己決定感があると、「自分にとって大事だからやった」「自分がやりたいからやった」という高いモチベーションを保てる。そのた

め、失敗したとしても「今度は、ここを改善してみよう」と前向きに考えられるのだ。
しかし、自己決定感がないとモチベーションが非常に低い状態になっているため、「失敗した」「自分には難しい」などの負の感情にだけとらわれて、この先のやる気も下がってしまう。

自己肯定 知っ得MEMO

決定できずに常に迷って悩んでいる

「いつも後悔」な人は、自分で自分のことを決めているという感覚がないので、常に迷い、悩んでいる状態である。そのため、「これでいいのかな？」「仕方ないから、やろう」と口グセのように言ってしまうのだ。

「低」自己肯定感タイプF
私は役に立たない！「どうせ私なんて」さん

KEYWORD 自己有用感

自分が役立たずと感じると他人への評価も厳しくなる

自分自身が何かの役に立っていると感じられると、人生をがんばるためのエネルギーが生まれる。裏を返せば、この「自己有用感」を感じられない状態だと、自分自身が役立たずに思えてくる。自分は何の役にも立っていないと思うから、「どうせ私なんて」と口にするようになってしまうのだ。

自分自身は役立たずだと感じるようになると、相対的に他人に対する評価が上がると想像するかもしれない。だが、そうではない。他人に対しても厳しくなってしまうのだ。

ありのままの自分自身を肯定できない人は、自分を肯定するための条件を自分に課す傾向がある。無条件で自分を受け入れることができないので、「自分を認めるためには、自分が○○できないとダメだ」「●●ができるなら、自分のことを認めよう」などと考え

るようになるのだ。
こうした固定観念が他人にも適用されるので、自分だけでなく他人にも厳しくなる。
他人の成功が喜べなくなり、他人に比べて自分が劣っていると自分をより一層嫌うようになる。反対に他人が自分より劣っていると、その他人を激しく嫌うようになるのだ。

自己肯定 知っ得MEMO

自分は役立たずと考え、結果を人のせいにする

「どうせ私なんて」と口にする人は、「私は役に立たない」「私なんてジャマ」と考えがちで、行動してもすぐにあきらめてしまう。さらに、自分の行動に責任を取らなくなり、「○○のせいだ」と人に責任を押しつけるようになる。

自己肯定感が高い人のほうが嫌われず人生でなにかと得をしている

KEYWORD 人生でのメリット

他人と良好な関係が結べて人脈とチャンスに恵まれる

ここまでは、自己肯定感が低い人について考察してきた。では、自己肯定感が高い人はどのような人生を送っているのだろうか？

自己肯定感が高い人の特徴として、「感情をコントロールできる」「楽観的でプラス思考」「自分の可能性を信じられる」「自分も他人も大切にできる」といったものがある。こうした生き方ができるので、毎日の生活が非常に充実する。

何よりも「自分軸」で生きているので、相手にどう思われるかが気にならなくなり、自分のことを優先して行動できるようになる。

自分軸だと心に余裕が生まれるため、他人のよいところに気づける。自分自身が充実しているので、周囲にいい影響を与えられる。

自分のことが好きになるので、自分自身についての理解が深まり、それが他人の理解に

自己肯定感の高い人はこんなにいいことが

恋愛

よいパートナーと出会って
円満な家庭を築いていける。

仕事

依頼を断ることができ、自分の
仕事に集中。人脈に恵まれて出世する。

家事

子育てで問題が起きても
パートナーとうまく話し合える。

人間関係

人づき合いにストレスを感じず、
友だちや仲間が自然と増える。

つながる。他人のこともわかるので、自分を主張しても他人から嫌われない。

人間関係が良好になり、人脈に恵まれて、仕事や恋愛、結婚でもチャンスを得られる。

自信に満ちていて積極的になれるので、いろんなことを成し遂げられる。恐れずに何度もチャレンジするので、成功率も上がるのだ。

自己肯定 知っ得MEMO

見かけた人の自己肯定感を推測してみよう

町中で見かけた人の自己肯定感が高いか低いかを推測する、観察をおすすめしたい。偉そうな態度の人は、自己肯定感が低いからこそ周囲を見下しているのかもしれない。こうした考察を続けると、自己肯定感についての理解が深まる。

自己肯定感は誰でも高められる！ ちょっとのことで倒れない自分を育てる

KEYWORD 自己認知

自己肯定感の度合いは決して固定していない

自己肯定感が高い人は、安定した精神状態を手に入れられる。しばしば、自己肯定感は樹木にたとえられる。自己肯定感が高いと、その樹木は地中にしっかりと根を張っているので、多少のトラブルが起きても樹木は倒れたり、枯れたりすることはない。

自己肯定感が低い場合は、樹木は細くて弱い。人間関係の中で暴風雨が発生したら、簡単に倒れて折れてしまうだろう。

では、自己肯定感が低い人の樹木は弱いままなのか？　現実の樹木が、環境がよくなれば強く育つように、自己肯定感も後天的に育てることが可能だ。

その方法としては、メンタルトレーニングがある。トレーニングと言っても、スポーツのようなハードなトレーニングは必要ない。頭のよさも才能も要求されない。

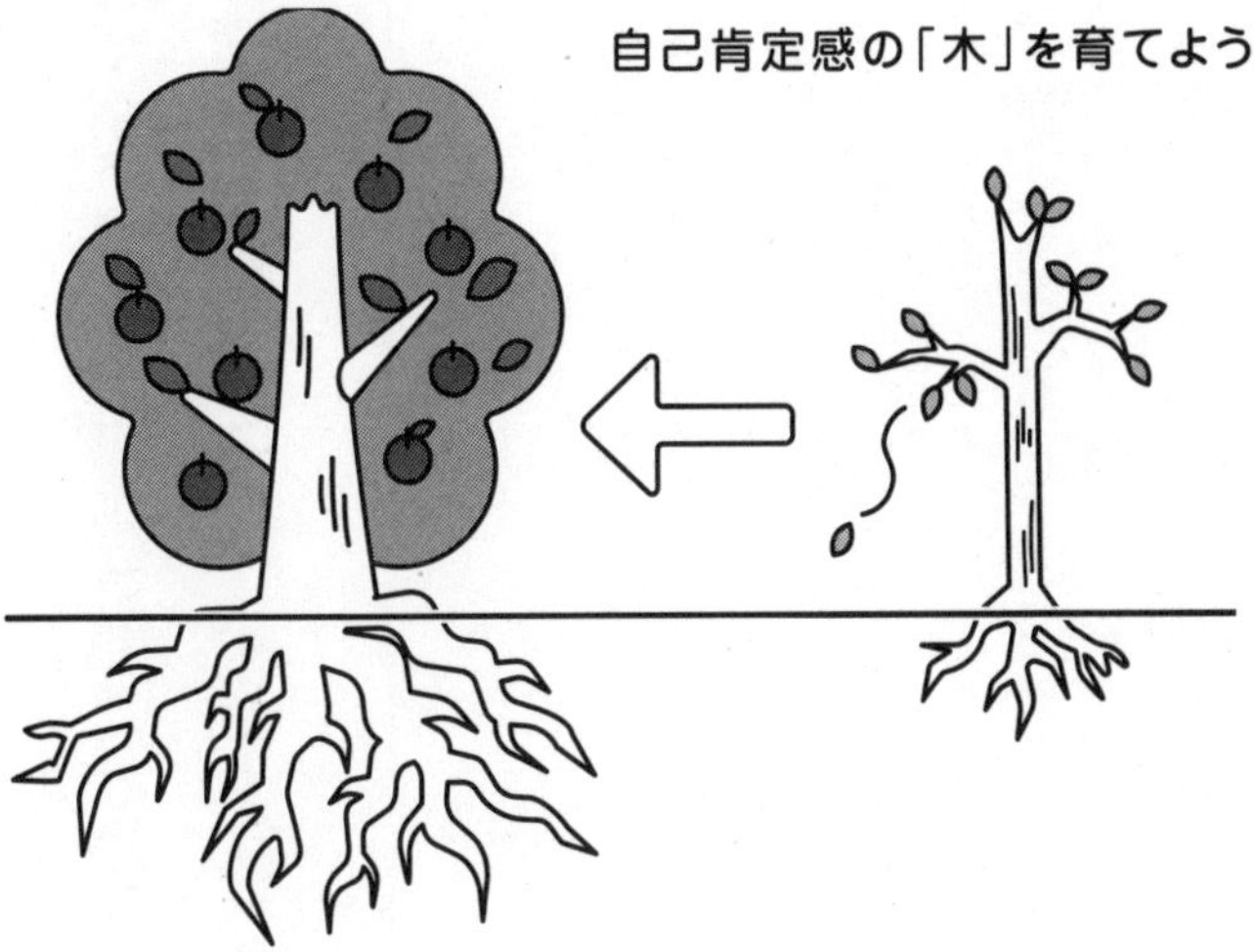

ここで重要なのは、これまでの経験で固まってしまった思い込みを捨て去って、自分をニュートラルな状態に戻すことだ。

自己肯定感を高めるための具体的な方法は、これ以降の章でさまざまな解説をするので、そちらを読んでいただきたい。

ここで重要なのは、自己肯定感の高さ・低さの度合いは固定されたものではないということだ。自分が置かれた環境によって高くなることもあれば、低くなることもある。

今は自己肯定感が高い人でも、状況によっては低く下がる可能性も大いにある。重要なのは、自分の現在の自己肯定感がどういう状態なのかを知ることだ。このように自分のことをちゃんと把握できていれば、たとえ自己肯定感が減少したとしても落ち着いて対応できるのだ。

マイナス思考のクセから逃れて仕事もプライベートも充実させよう

KEYWORD 4ステップ

自己肯定感を上昇させる4つのステップを身につけよう

第1章では自己肯定感とはそもそも何なのか、自己肯定感が低いとどうなるのか、自己肯定感が高いとどうなるのか、などを解説した。第2～4章も踏まえて、自己肯定感アップまでを4ステップで理解して身につけよう。

第2章のSTEP1では、自己肯定感が低くなってしまう原因を解説。

第3章のSTEP2では、自己肯定感を高めるための思考習慣を取り上げる。とらわれがちな思考の思い込み「クセ」のシフトチェンジをしよう。

第4章のSTEP3では、自分を好きになれる言葉と行動習慣を紹介。口にするだけで自己肯定感が高まる、まさに魔法の言葉だ。最後の第5章のSTEP4では、プラスアルファで日々の生活にまつわるテクニックを紹介する。

自己肯定感アップまでの4STEP

STEP 1　自己肯定感が低くなる理由を知る

なぜ自己肯定感の高い人と低い人に分かれるのだろうか。自己肯定感の高低を生み出す心のメカニズムを知っておこう。特にあなた自身の過去、家庭や学校の環境が大いに影響している。自分の過去を振り返ることも大切だ。

STEP 2　思考習慣を変える

自己肯定感は潜在意識がかかわっているもの。潜在意識に働きかけて自己肯定感をあげるためには、自分の考え方の「クセ」を見直すことが重要。考え方のクセを直すために、今までの考え方を転換して思考の習慣を変えてみよう。

STEP 3　唱えるだけでOK　魔法の言葉

自己肯定感の低い人はネガティブな言葉を使いがち。そんな言葉をポジティブなものに変えるだけで、自分を大切にして周りの人に振り回されない自分になれる。ひとり言として毎日口にするだけでも効果はある。

STEP 4　さらに「私」を変えるテクニック

料理や掃除といった毎日の家事、入浴や睡眠など、日々の暮らしも、一緒に前向きなものにちょっとずつ変えていこう。質のよい日常を送ることで、一歩ずつ自己肯定感も高まり、すてきな自分をキープすることも実現していく。

自己肯定感の名言

自分の欠点を直視し
認めることです。
ただし欠点に
振り回されてはいけません

社会福祉活動家

ヘレン・ケラー

第2章

なぜ自己肯定感の高低の差が生まれるの？

原因はいろいろ!「自己肯定感」が低くなるメカニズム

自己肯定感が低いのは生まれつきと
思っていたら大間違い！ あなた自身の小さい頃の
環境に原因が隠されているものなのだ。

「謙遜は美徳」という価値観のせい？日本人の自己肯定感が世界で低い理由

KEYWORD 自己評価

日本の若者は自己評価が低いという調査結果が

「自己肯定感が低い」というのは、多くの日本人に見られる傾向とも言える。

内閣府が２０１８年に発表した調査によると、世界7カ国の13～29歳の若者のうち、日本人は最も自己肯定感が低いということがわかった。特に、「自分自身に満足している」という項目に対して、日本の若者が「そう思う」「どちらかといえばそう思う」と答えた割合は50％にも満たないという結果に。韓国や欧米各国はいずれも70％を超えており、その差は歴然である。その他、未知のことに挑戦する意欲や、自分の長所を認識している度合いを見ても、日本人が最も低いという傾向が見られるのだ。

また、２０１７年に国立青少年教育振興機構が行った調査でも同様の結果が見られる。日本・アメリカ・中国・韓国の高校生の中

諸外国に比べると日本人は自己肯定感が低い

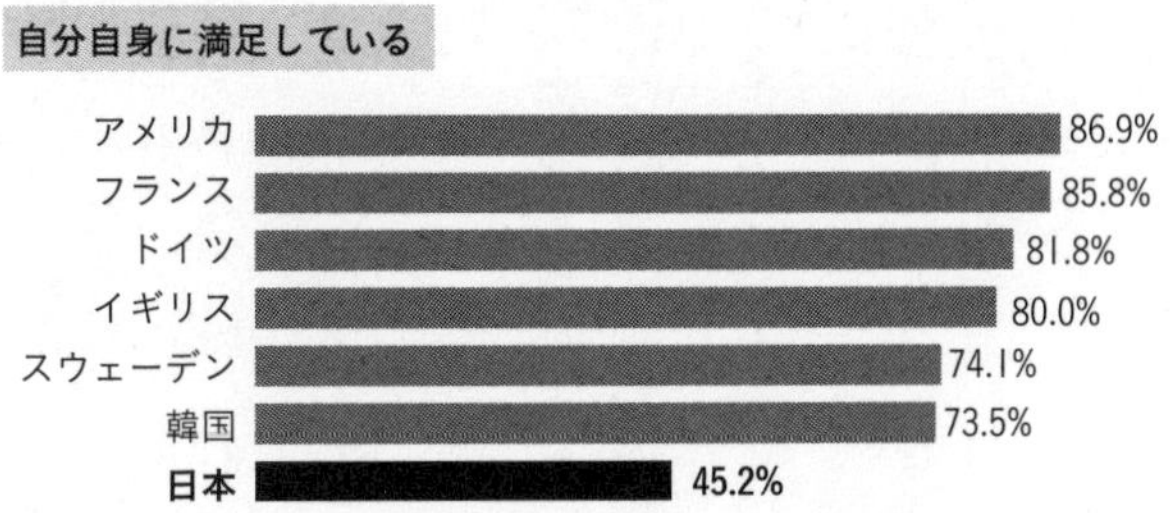
自分自身に満足している
アメリカ 86.9%
フランス 85.8%
ドイツ 81.8%
イギリス 80.0%
スウェーデン 74.1%
韓国 73.5%
日本 45.2%

世界７カ国の満 13 ～ 29 歳の若者を対象とした意識調査で、「自分自身に満足している」という項目に「そう思う」「どちらかと言えばそう思う」と答えた者の合計。

※内閣府「我が国と諸外国の若者の意識に関する調査」（2018 年）をもとに作成

で、「私は人とうまく協力できるほうだと思う」「私は辛いことがあっても乗り越えられると思う」「私は努力すれば大体のことができると思う」「私は価値のある人間だと思う」といった項目に対して、自分を肯定する回答をした割合は日本人が最も低かった。

一方で、「私には、あまり得意なことがないと思う」という否定的な質問に「そうだ」「まあそうだ」と回答した割合は、日本の高校生が最も高くなった。

こういった調査からも、日本人の自己肯定感が他の国の人々と比べて低いということが見て取れるだろう。どうしてこのような違いが生じるのだろうか？　そもそも、どうして自己肯定感は下がってしまうのだろうか？　そこには、大きく分けて３つの原因があると考えられる。

両親、先生、友だち……自己肯定感の高低を決める原因はここ！

KEYWORD 両親・先生・友だち

両親・先生・友だちとの関係が自己肯定感形成に影響する

自己肯定感の低さの背景には、単なる性格の問題ではなく、さまざまな原因があると考えられる。特に幼少期～思春期にかけて、人格が形成される時期に受ける影響は大きい。代表的な原因には、両親との関係、先生との関係、友だちとの関係の3つがあげられる。

人が生まれてはじめて築く人間関係は、家族との関係であろう。特に両親は、幼少期の子どもにとって最も身近な存在である場合が多い。その親との関係の中で自分の存在や選択に価値を見出せなくなると、自己肯定感の低下を招きかねない。

就学すれば、先生や学校教育の影響が大きくなる。日本の学校では「規則を守ること」「間違えないこと」などが評価されがち。人と違う面や自由な意見が認められない、という経験を重ねると、学校の評価基準に適合しない

自分を否定する気持ちが芽生えてしまう。

さらに、友だちが増えると人間関係が複雑になってくる。イジメ、学力や容姿のコンプレックスといった問題が生じることも。特に思春期には友人から影響を受けやすく、この関係がうまくいかないと、自己肯定感が揺らぐことになりうる。

自己肯定　知っ得MEMO

日本人の美徳「謙遜」も原因のひとつ？

ほめられたときに「とんでもない……」と答える日本人は多い。こうした謙遜の文化も、自己否定の原因となりうる。社交的な気遣いも大切だが、自分の気持ちや能力をムリに卑下してしまうと、自己肯定感の低下を招く恐れがある。

過保護、規律が厳しい、構ってもらえない そんな両親だったら自己肯定感は低下

KEYWORD 親子関係

暴力を振るう、無視をするなどの虐待は、まさしく「存在が否定されている」と子どもに感じさせる行動だと言える。無視まではいかなくとも、子どもの話に耳を傾けないことが続くと、子どもは次第に「自分には価値がない」と考えるようになってしまう。

よかれと思ってやっている子育ての方針が、子どもの自己肯定感の低下を招く可能性もある。危険な目に遭わないように、失敗をしないように、とやさしくなんでも手取り足

親が子を認めていないと子が自分を認められない

子どもの自己肯定感に影響を与える要素として、親との関係があげられる。多くの子どもにとって、親は最初に接する大人であり、言葉や感情、行動の学習は親をマネするところからはじまる。たとえば親の自己肯定感が低いと、子どもはそれを無意識にコピーし、自分を否定する考え方を身につけてしまう。

家族といて満たされていると思えない若者も多い

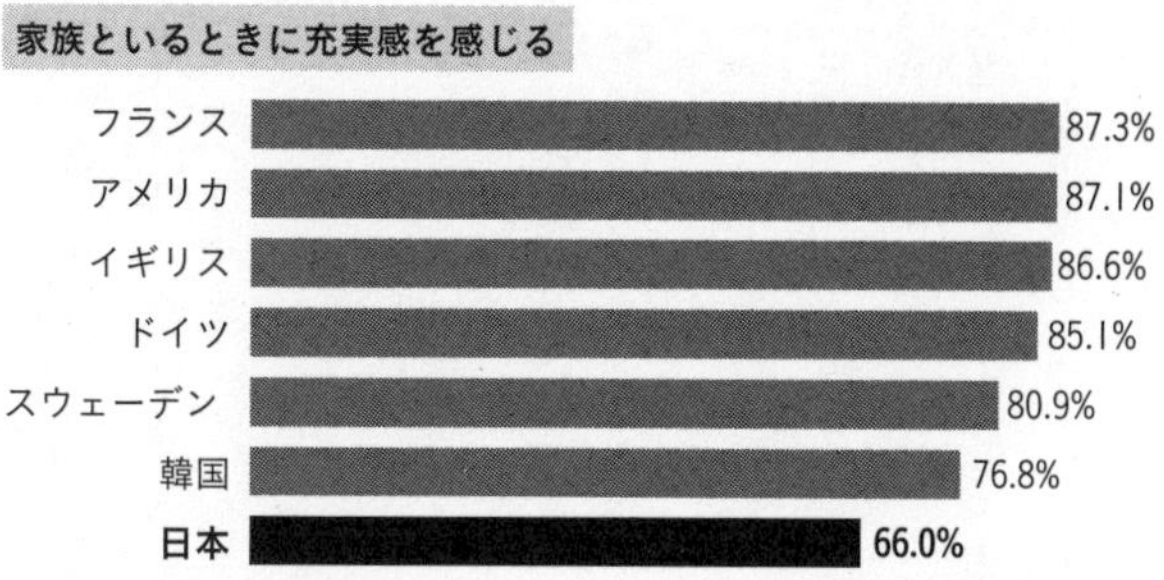
家族といるときに充実感を感じる
フランス 87.3%
アメリカ 87.1%
イギリス 86.6%
ドイツ 85.1%
スウェーデン 80.9%
韓国 76.8%
日本 66.0%

「どんなときに充実していると感じるか」という項目で「家族といるとき」に「あてはまる」「どちらかといえばあてはまる」と答えた者の合計。

※内閣府「我が国と諸外国の若者の意識に関する調査」（2018 年）をもとに作成

取り教えていると、子どもは「自分はひとりでは何もできない」と感じ、自分の考えに自信を持ちにくくなる。逆に、極端に厳しく、ルールで縛るような場合も同様だ。

また、周囲や親の理想と比較される機会が多いと、「理想に達することができなければ意味がない」と感じてしまう。

自己肯定 知っ得MEMO

親の自己肯定感の低さが虐待につながる？

子どもは親を見て育つ。親の自己肯定感が低ければ、子どもも自然とそうなる傾向にある。子どものイヤな点が目につき攻撃してしまう、という虐待の構図も、実は子どもを鏡にして自分自身を否定しているのが原因とも考えられるのだ。

ほめられる子ども、怒られる子ども どちらのほうが自己肯定感を下げるか？

KEYWORD 母親の理想

最も近い存在なだけに理想を押しつけてしまうことも

ひとくちに「親」と言っても、家庭によって、また父親か母親かによって、子どもとの関係性は異なってくる。

特に母親は、子どもが胎児の状態から、文字通り「一心同体」で過ごして出産を迎えている。そのため、子育てのスタート地点では無意識のうちに親と子どもとの距離感が近くなりがち。つい「自分が叶えられなかった理想の姿」を押しつけてしまうこともある。もし母親自身の自己肯定感が低ければ、なおさら「子どもにはいい思いをさせなければ」と考えてしまうこともあるだろう。

たとえば、たくさん勉強していい学校に入るべき、という理想を母親が持っていた場合、それを子どもにも強《し》いてしまうのはしばしばある話だ。しかし「勉強しなさい」と口うるさく言って強制すると、子どもが自分で選択

して行動する機会を奪うため、自身の意思決定に自信を持てなくなる可能性が。また、できない自分を責めてしまうこともある。
また、周囲と比較して発破《はっぱ》をかけることも、子ども自身の価値に目を向けることができなくなり、結果として子どもの自己肯定感を低下させる原因となりかねない。

自己肯定 知っ得MEMO

母親としてこんなことをしていない？

母親の自己肯定感が低いと、子どもに対し「こんな親で申し訳ない」という罪悪感を持ち、子どもの失敗も自分のせいだと感じることがある。それを避けるために干渉を強めると、母子双方が互いに縛られてしまう原因となりうる。

構ってあげない「仕事人間」の親も子どもの自己肯定感を下げる

KEYWORD 社会との接点

子どもが成長するに従って、この役割はより重要なものとなる。中学・高校生となり、将来の夢を思い描いたり、アルバイトをするなどで社会と接するようになったりすると、社会人の先輩である父の姿は、身近な道しるべとして大きな意味を持つのだ。

さらに母親にとっても、父親の果たす役割は大きい。子育てにかかりきりになると、母親は社会との隔絶を感じ、「自分は社会には不要」と自己否定に陥ってしまうこともある。

子どもも母親も父親を通して社会と触れる

家庭の中で、父親は「社会との接点」とも言うべき存在である。毎日家の外に出て、家族が生活するためのお金を稼いでくれる父。子どもは、父親を通してはじめて「社会」というものを意識する。たとえば、その父がイキイキとすごしていれば、外の世界に対しポジティブな印象を持つことができるだろう。

子どもが小さい時期や、共働きでない場合などはなおさらだ。
父親が「社会との接点」として、母親と向き合う時間を作ることが、その孤立感を解消するために重要になる。もちろん、母親も社会との接点を持てるような家族の役割分担もあわせて大切だ。

自己肯定 知っ得MEMO

父親として　こんなことを　していない？

出勤時や帰宅後、浮かない顔をしていないだろうか？子どもは父を見て「仕事」をイメージする。毎日ご機嫌とはいかなくとも、前向きな姿勢を見せることで、将来働くことに対する子どもの印象も前向きになるだろう。

「ルールを守れ」「先生に従え」自己肯定感を低く教育してしまう学校

KEYWORD 集団生活

規律や調和を重視する教育が負担になることも

日本の学校では、規律を守ることや協調性、真面目さなどが重視される場面が多い。集団生活の中で皆と同じように振る舞うことが評価の対象となる。多くの中学・高校では制服の着用が求められることからも、その文化がうかがえるだろう。調和を大切にすること自体は決して悪ではないが、意識し過ぎると「人と違う自分は間違っている」という自己否定の感情が生まれ、個性を見せたり自主的に行動したりすることに対して、消極的になってしまう。

授業では知識を一方通行で教え、テストでは決められた正解を答えることでしか評価されないという風潮も影響を与える。こうした仕組みでは個人ごとの得意・不得意は認められにくく、人より秀でた部分があったとしても見すごされがちだ。一方、基準の点数に達

学校生活に満足している度合いも低い

学校生活の満足度は
ドイツ 85.7%
イギリス 83.2%
アメリカ 82.6%
フランス 80.1%
スウェーデン 76.8%
韓国 72.8%
日本 69.9%

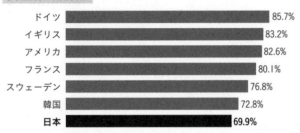

「学校生活に満足しているか」という項目で「満足」「どちらかといえば満足」と答えた者の合計。

※内閣府「今を生きる若者の意識〜国際比較からみえてくるもの〜」（2014年）をもとに作成

していないことは見ればわかるため「自分は劣っている」と感じてしまう可能性がある。

しかし、先生のサポートによっては、学校は自己肯定感を育てる場にもなりうる。先生が子どもの話によく耳を傾ければ、親以外の大人に認められる経験として、子どもにとって大きな意味を持つのだ。

自己肯定 知っ得MEMO

自己肯定感は不登校の問題にも関係する

文部科学省の調査によると、不登校の児童生徒は増加傾向。 復帰には、先生がじっくり話を聞くといった自己肯定感を高める支援が大切。フリースクールなど個性に合わせた学校外の選択肢によって自分を認められる場合もある。

イジメられた、好きな人に振られた学校での失敗がトラウマになっていない？

KEYWORD 仲間はずれ

思春期には影響力の中心が親から友だちへ移る

両親、先生に加えて自己肯定感形成に大きくかかわるのが、友だちとの関係である。特に思春期以降、親からの自立が進んでくると、友人同士のつながりがより一層、自己肯定感の高低に影響を与えることとなる。

学校では、同世代の友だちと勉強など同一の活動に取り組む機会が多く、不得意な点や周囲と違う点があると「自分は友だちより劣っている」という感覚に陥りやすい。とりわけ、周囲と比べられる機会も多い。

また、友だちにイジメられる、仲間はずれにされるなどの経験をすると、所属する社会の中で存在を否定されたと感じ、自己肯定感が低下してしまう。直接イジメを受けていなくとも「皆と違うことを言ったら変な目で見られてしまうのでは？」という思いを持っていると、自分の意見や考えに肯定感が持てな

友人といるときに充実感を感じる

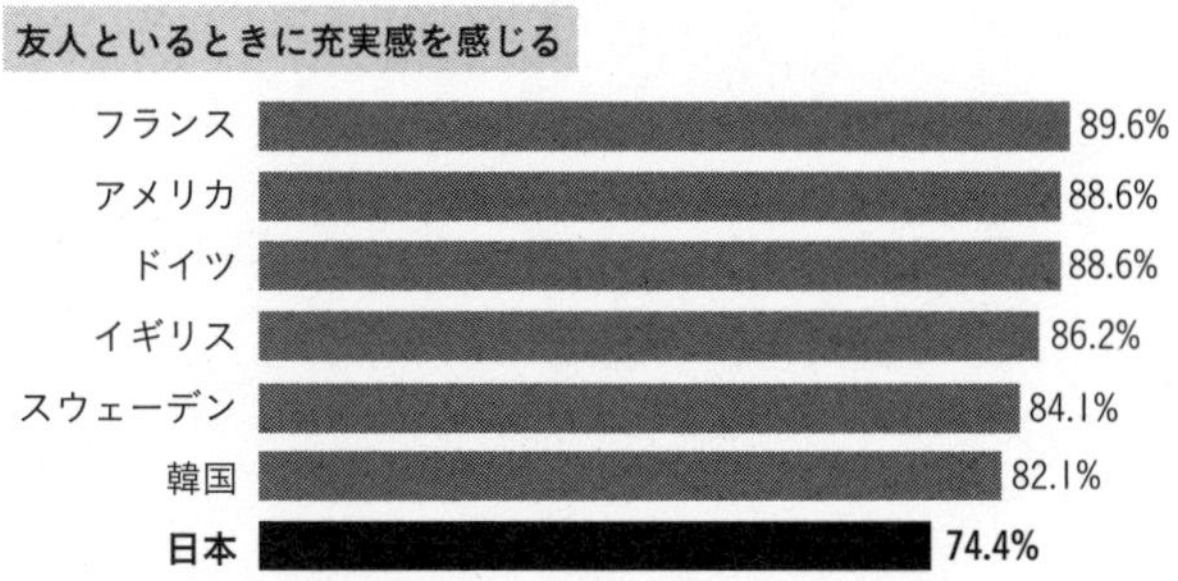
友人といるときに充実感を感じる
フランス 89.6%
アメリカ 88.6%
ドイツ 88.6%
イギリス 86.2%
スウェーデン 84.1%
韓国 82.1%
日本 74.4%

「どのようなときに充実していると感じますか」という項目で「友人や仲間といるとき」と答えた者の合計。

※内閣府「我が国と諸外国の若者の意識に関する調査」(2018年)をもとに作成

くなりがちだ。

一方で、日々の楽しいことやつらいことを共有し互いを認め合える友だちの存在は、自己肯定感の向上につながる。心身の変化や進路の決定、恋愛の経験など、人生の新しいステップが多い時期、友人との関係は自己認識に大きな影響を与えるのだ。

自己肯定 知っ得MEMO

イジメの原因も自己肯定感の低さにある?

自己肯定感が低いと「他者は自分の意見など聞いてくれない」と思い込み警戒心を抱く。これにより、自分より弱い立場の他者に対して攻撃的になり、「イジメ」に発展してしまう。イジメをする側も自己肯定感が低いのだ。

思い切ってヒストリーを振り返って　つらい・恥の経験をただ見つめよう

KEYWORD 振り返り

まずはただ振り返るだけ「知ること」が第一歩

ここまでで、子どもの頃からの経験が自己肯定感の形成に影響を与えているということがわかったのではないだろうか。しかし、過去の記憶は頭の奥深くに眠っている場合もあり、すぐには思い当たらないことも多い。

そこで、まずはテーマごとに振り返りをしてみよう。STEP1では親との関係、STEP2では学校での生活や先生との関係、STEP3は友人との関係にまつわる思い出を考えてみる。今まで見てきた、自己肯定感に影響を与える関係性に当てはまる経験はあるだろうか？

このとき大切なのは、思い出の「いい」「悪い」を考えたり、改善しようとしたりしないことだ。まずは取り出すだけでOK。自分の根源にある記憶を知ることが、自己肯定感をあげる第一歩になる。

自分の過去を振り返ってみる

STEP 1　あなたと親のことを考えてみよう

親はよく叱った？

進路を決めるときに指図された？

母と父どちらが話しやすい？

門限やルールはあった？

他の兄弟姉妹と親の関係は？

他の兄弟姉妹と仲よかった？

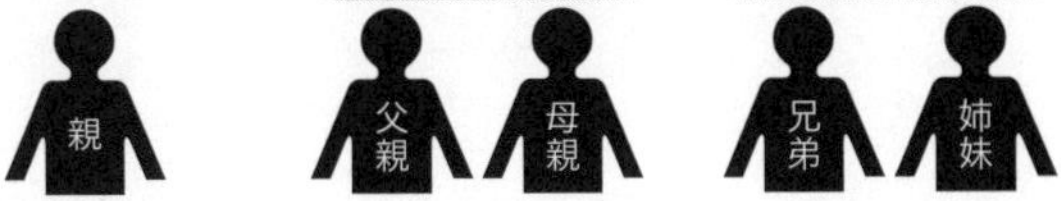

STEP 2　あなたと学校のことを考えてみよう

思い出に残る先生は？

好き・嫌いな授業は？

人前に出る機会は多かった？

STEP 3　あなたと友人のことを考えてみよう

どんな子と仲よかった？

何かを決めるとき、意見を出せた？

けんかしたとき、自分が悪いと落ち込んだ？

プラス・マイナスの気持ちは出来事ではなく思考が決めている

KEYWORD 感情と思考

同じ出来事でも思考によりもたらす感情が変わる

「気持ちは思考によって決められる」と言われても、ピンとこない人もいるかもしれない。多くの場合、イヤなことがあったから（出来事）、イヤな気分になって（気持ち）、イヤなことばかり考えてしまう（思考）という流れをイメージするのではないだろうか。しかし、実際には気持ちと思考は逆の順番で生まれてくる。

たとえば、今この本を読みながら、最近あった楽しいこと、うれしいことを思い出してみてほしい。仕事のプレゼンテーションがうまくいって上司に喜ばれた、新作のコンビニスイーツを買ったらおいしかった、など内容はなんでも構わない。

思い出せたら、次は反対につらかったこと、イヤだったことを振り返ってみよう。友人と口論をして気まずくなった、スマートフォン

思考が感情を決めている？

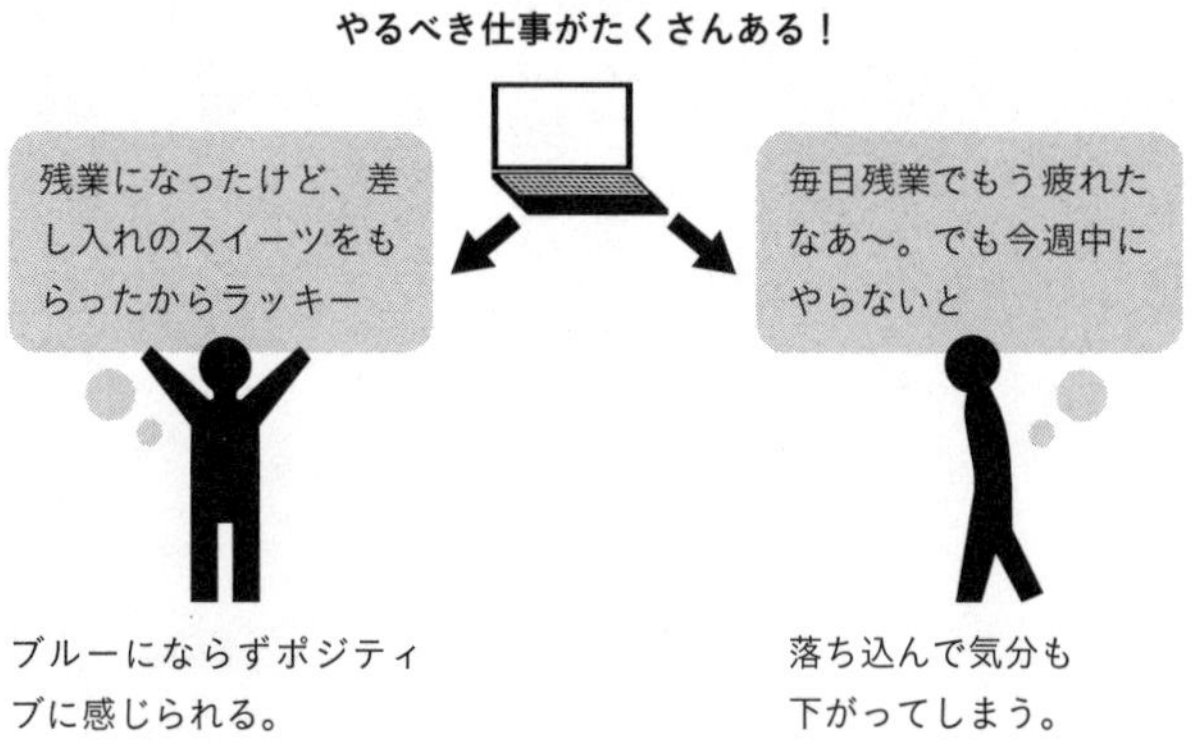
やるべき仕事がたくさんある！
残業になったけど、差し入れのスイーツをもらったからラッキー
毎日残業でもう疲れたなあ～。でも今週中にやらないと
ブルーにならずポジティブに感じられる。
落ち込んで気分も下がってしまう。

を落として壊してしまい不便だったなど、こちらもどんなことでも問題ない。

すると、前者を考えたときは明るい気分に、後者を考えたときは暗い気分になったのではないだろうか？　これこそ、気持ちが思考によって決まるということである。イヤなことについて考えていると、ネガティブな感情が自然とわき、楽しいことを考えればポジティブな気持ちを呼び起こすことができる。

先ほど悲しかったことの例であげた「スマートフォンを壊してしまった」という出来事でも、「そろそろ新しい機種に変えようと思っていたからちょうどよかった！」と考えれば、ポジティブな気持ちになってくる。

感情はコントロールできないと思いがちだが、実は同じ出来事でも、それをとらえる思考によって伴う感情が変わってくるのだ。

ネガティブ思考は誰でも持っている
捨てたり否定したりしなくていい！

KEYWORD 無意識の思考

心を守る避難訓練としてネガティブ思考がある

気持ちが思考から生まれるということがわかったからといって、すぐにすべての思考をポジティブに変えるのは難しい。しかし、ここで「ネガティブを抜け出せない私はダメなんだ……」などと思う必要はない。なぜなら、ネガティブ思考は人間なら誰しもが持っている思考のクセだからだ。

人間が過去の出来事のイヤだった点やつらかった点を思い出すとき、それは再び同じ失敗を起こさないように脳が振り返りをしているということ。イヤな経験を検証して、似たような場面が訪れた際に回避できるように備えているのだ。

過去の災害を想定した避難訓練のようなものと言ってもいいかもしれない。これは意識しなくても生まれつき備わっている、脳の自然な思考回路だ。

ただし、自然なことだからこそ注意しなければならないのが、ネガティブ思考は無意識に発生してしまうという点である。放っておくと、この避難訓練は自動的にいつまでも繰り返される。思考の大半が、過去のイヤな経験の振り返りと今後起こりうるイヤなことへの準備に費やされてしまうのだ。

意識的に行えば身を守ることにつながるネガティブ思考だが、こうなると建設的なことを考えるのは次第に難しくなってくる。

特に自己肯定感が低い人の場合、「自分はダメだ」「何をやってもうまくいかない」など、自分を否定する方向の発想が浮かびやすくなっている。ネガティブな思考からネガティブな気持ちが生まれ、それに触発されてさらにイヤなことを考える、という「負の連鎖」に陥ってしまうのは避けたいところだ。

私たちの心の仕組みを知る 顕在意識と潜在意識のメカニズムとは？

KEYWORD 潜在意識

人間は心の領域のほとんどを知らずにいる

ネガティブ思考が心の自然な活動なら、その連鎖から抜け出すにはどうすればよいのだろうか？　そのヒントは、人間の心の仕組みに隠されている。

人間の心は、大きく「意識」と「潜在意識」という2つの領域に分けることができる。意識は「顕在意識」とも呼ばれ、思考や認識のうち自分で気がついている部分のことだ。一方の潜在意識とは、自分では気づいていない、無自覚の領域のことを指す。

面白いのはこの2つの意識が心に占める割合。なんと、自覚できている顕在意識は全体の10％しかなく、残り90％は潜在意識が占めていると言われているのだ。つまり、人間は自分の心のうちの10％のことしか見えていないということ。この割合はしばしば、氷山の、海面から出ている部分と海面下にある部分の

潜在意識と顕在意識

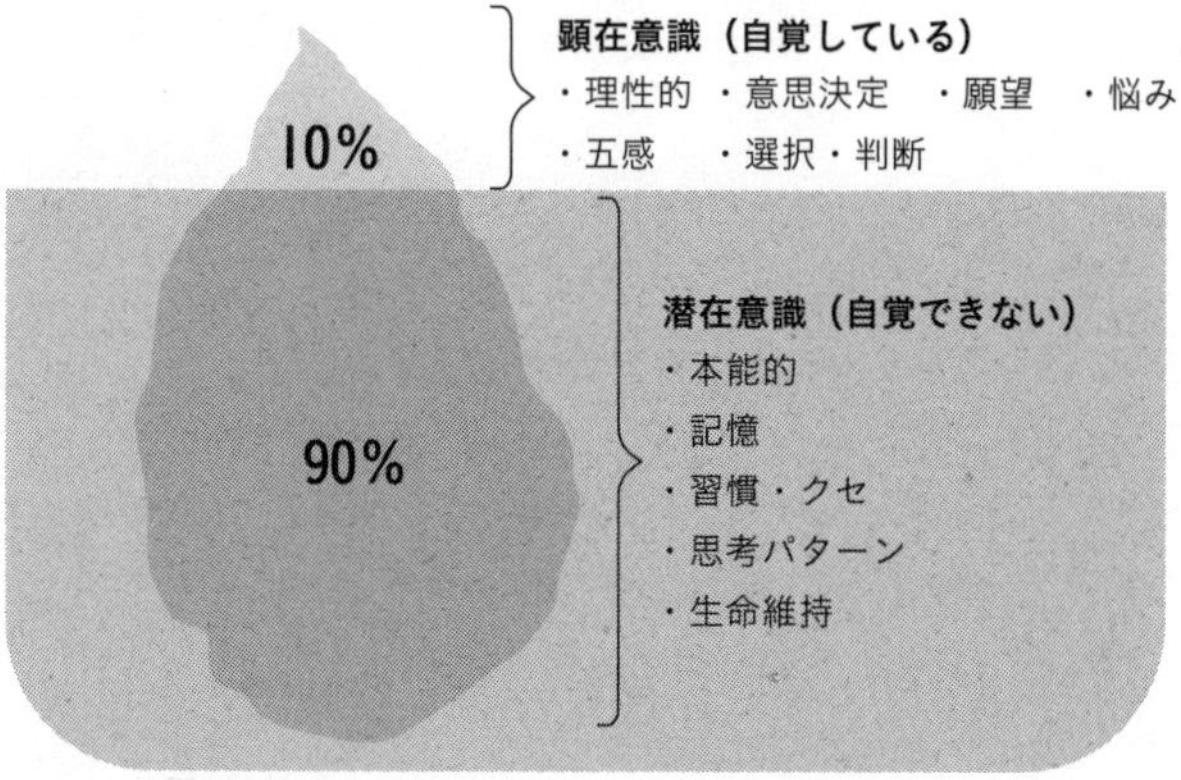

比率にたとえて表現される。自分で認識している意識は、心全体で見ると文字通り「氷山の一角」なのである。

自分の心のうち大半が見えていないという事実は、今ひとつピンとこないかもしれない。しかし、これは毎日の行動を考えてみると実感できる。たとえば、あなたが鼻をかむとき、どのようにティッシュペーパーを取り出し、どのように鼻に添えて、どこを押さえて、どんなふうに息を吐き出すか、考えたことはあるだろうか？　おそらくほとんどの方が「ない」と答えるだろう。しかし、鼻をかむ行為は自然に行っている。これは日常のさまざまな動作についても言えることで、無意識にこなしている行動は意外と多いのだ。思考に関しても同じで、知らないうちに潜在意識の中でさまざまなことを考えてしまっているのである。

人の行動は9割の潜在意識が操作
意識よりも無意識のほうが圧倒的に強い

KEYWORD 思い込み

潜在意識に潜む思い込みが知らぬ間に行動を引っ張る

行動や思考のクセを変えたいと思ったときには、潜在意識に働きかけるほうがより効率がいい。なにしろ心の9割を味方につけられる可能性があるからだ。

しかし難しいのは、この潜在意識が意識とは違うことを考えている場合がしばしばあることだ。ときには、意識とはまったく逆の思考が潜在意識の中に潜んでいることすらある。あなたが意識として「食べ過ぎる習慣をやめてダイエットしよう！」と考えているとき、潜在意識としては「ダイエットなんてせず、たくさん食べ続けよう」という思考がある、ちぐはぐな状況も考えられるのだ。

なぜこのような食い違いが起こるのかというと、潜在意識には自分でも気づかないうちに醸成された思い込みが影響を与えているためである。思い込みは、子ども時代などに育

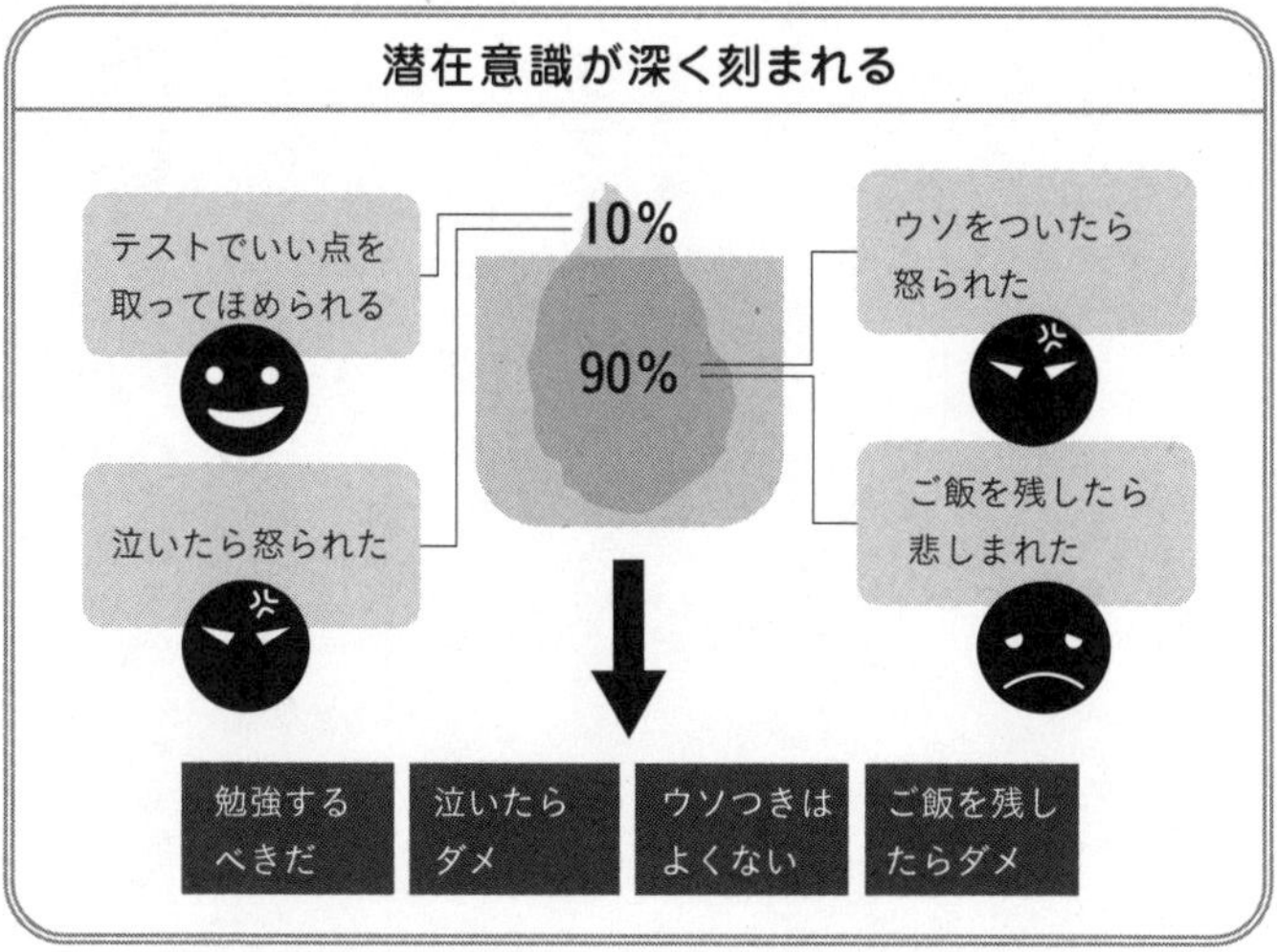
潜在意識が深く刻まれる
テストでいい点を取ってほめられる
泣いたら怒られた
10%
90%
ウソをついたら怒られた
ご飯を残したら悲しまれた
勉強するべきだ
泣いたらダメ
ウソつきはよくない
ご飯を残したらダメ

まれていることが多い。

　たとえば、小さい頃にたくさん食べる姿を親からとてもほめられて育ったとする。すると「たくさん食べるのはいいことだ」という思い込みが潜在意識の中に形成される。そのため、先にあげた例のように「食べるのを控えめにしたい」と思う意識と「たくさん食べるのがよい」と思っている潜在意識にズレが生じてしまうのだ。こうなると、心の９割を占める潜在意識に引っ張られ、意識の目指す行動は負けてしまいがちだ。

　しかも、潜在意識の思考には自分で気づくことができないため、結果として「ダイエットしたいのに、いつも食べたくなって失敗してしまう。自分はダメな人間だ……」と自分を責める原因にもなりうる。潜在意識の影響力は甚大なのだ。

思い込みの世界に暗示を与えてポジティブ思考にシフトをチェンジする

KEYWORD アファメーション

プラスのイメージを唱えて潜在意識に暗示をかける

潜在意識の特徴として、暗示にかかりやすいということがある。これは「思い込み」が形成される原因でもあるのだが、繰り返し触れたイメージや感情から暗示を受けて、実際にその通りに振る舞ってしまう性質があるのだ。

その性質を利用して潜在意識によいイメージを植えつけるために有効な手段が、アファメーションである。アファメーションとは自己肯定宣言のこと。肯定的なイメージを言葉にして自分に言い聞かせるというものだ。

アファメーションには、いくつかポイントがある。まず大切なのは、肯定的な自分のイメージをすでに達成したものとして宣言すること。「〜したい」という願望形は、まだその状態が達成されていないことを浮き彫りにしてしまう。また、「〜しないように」という否定形も、否定したいイメージのほう

レモンなど酸っぱいものをイメージするだけで、潜在意識が働き唾液が出る。

が印象に残ってしまうので避けよう。現在形・肯定形で表すことがコツだ。

　また、自分にしっくりくる言葉を使って表現することも重要。自分が心から「達成したい！」と思える言葉を設定すると、とてもいい。毎日言い聞かせて潜在意識にポジティブな暗示をかけ、心の9割を味方につけよう。

自己肯定 知っ得MEMO

他者に共感して幸せを映すミラーニューロン

脳科学者ジャコーモ・リッツォラッティ教授は、他者の行動に共感するように反応する脳細胞「ミラーニューロン」を発見した。幸せなイメージに触れると、それを直接経験しておらずとも、自らも幸せを感じることができる。

自分自身のネガティブ思考に気づく それだけであなたの自己肯定感は高まる

KEYWORD 思考の客観視

無意識なネガティブ思考を客観視して切り離そう

潜在意識を上手に使うためには、まずネガティブな思考に陥っている自分の状態に気づくことが大事だ。前述の通り、人間は意外と自分の行動や感情を意識できていない。いわば「意識の空洞」のような状態になってしまう時間が多いのだ。放っておくと、その空洞にネガティブな思考が流れ込み、ネガティブな感情に心が支配されてしまいかねない。

「気づいたところでイヤな気持ちは変わらないのでは？」と思うかもしれないが、気づきを得て客観的な視点から眺めると、ネガティブな感情から自分を切り離すことができる。無自覚に抱えているネガティブな感情から離れると、思考や出来事を事実として見つめることができるようになるのだ。

また、思考を自分とは別個のものとして考えると、「ダメな自分」を否定する必要がな

くなる。理想と違う状態に陥ったとき、悪いのは自分ではなく「ネガティブな思考」だということに気づける。

真面目で律儀な人ほど、規則や理想に縛られて自己否定に陥りがち。否定のループから脱するために、まずはネガティブ思考を自覚することからはじめよう。

自己肯定 知っ得MEMO

名前をつけてネガティブ思考から抜け出す

ネガティブな考えが浮かんだときにおすすめなのが、思考に名前をつけること。イヤな気持ちに「後悔」「妬み」などの名前がつくことで、自分の思考に気づくことができ、無意識にネガティブの連鎖にはまることを防げるのだ。

大勢の人の前で自分の意見が言えない　それは集団思考のワナにはまるから

KEYWORD 集団極性化

皆が支持している＝正しいこと？

人前で緊張するという人は少なくないだろう。特に集団の中にいると、その場の空気を壊すような発言はしにくいものだ。

その原因のひとつとして、個人レベルで言うならば、対人恐怖症があげられる。過去の失敗などが契機となり、赤面恐怖や緊張で多量の汗をかくなど、さまざまな症状が起こるのだ。

一方、集団レベルでは、メンバー間で「同じでいよう」とする圧力がかかり、否定的なことが言いにくくなる。社会心理学者ストーナーによると、集団で話し合うと極端な言動が注目されやすく、より危険な方向へと意見が偏るという（リスキー・シフト）。また、その後の調査では、保守的な人が多ければリスクを好まない安全な方向に議論が向かうこともわかり（コーシャス・シフト）、両者を合わせて「集団極性化」と名づけられている。

なぜ多数派の意見に流されてしまうの？

社会心理学者のアッシュは人間の同調行動を検証した実験を実施。２枚の図を見せて、Aと同じ長さの直線を選んでもらった。回答者がひとりのときは、正解率 99％だったが、８人グループのうち７人がウソの答えを言うと、あとの１人の回答者はそれにつられ、正解率は25％になった。

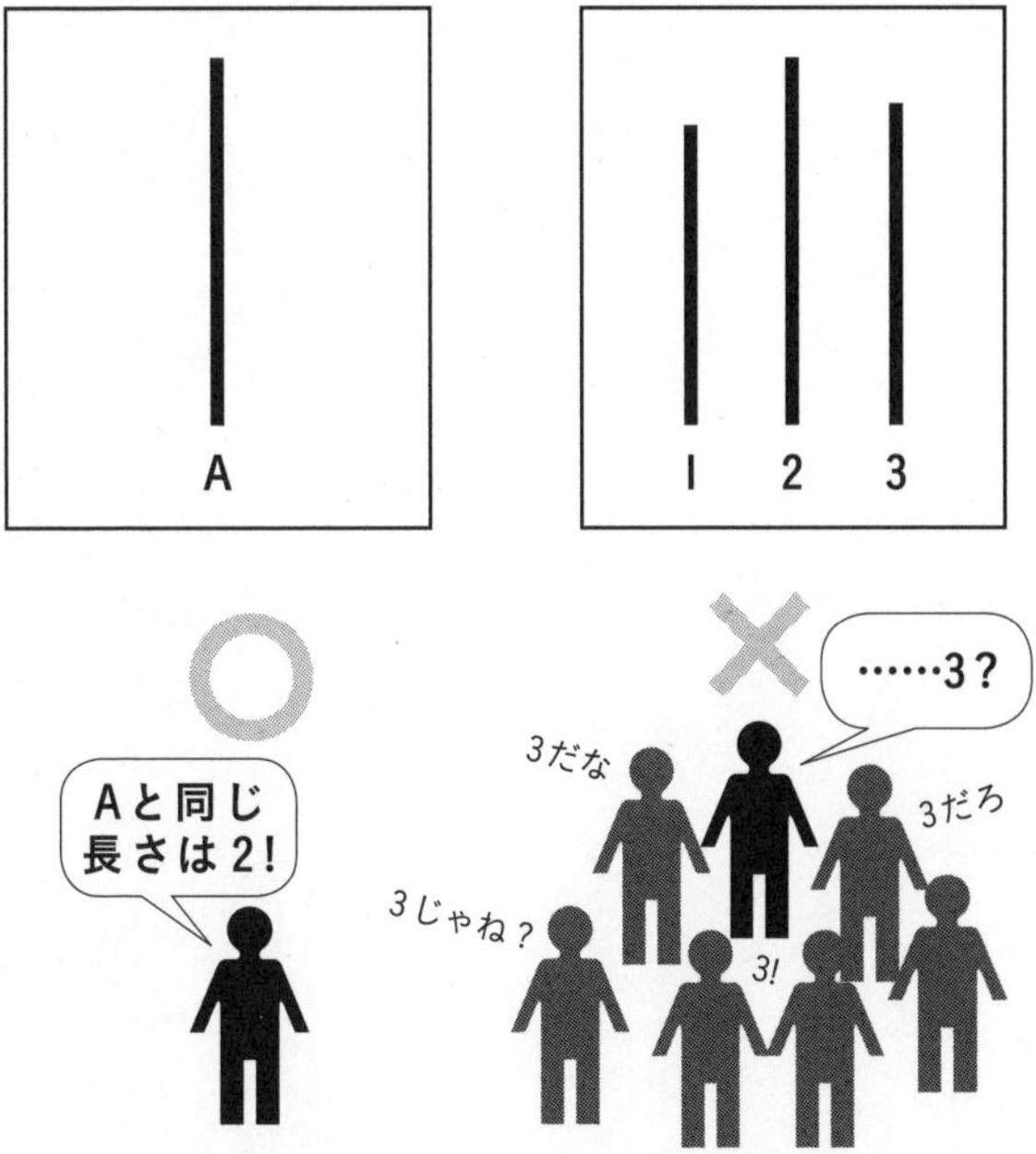

１人だと
正解率 **99％！**

サクラ７人がウソをついたら……
正解率 **25％！**

嫉妬・妬みは持っていてもいい 自分磨きのベクトルに変換できるから

KEYWORD 嫉妬心

嫉妬をプラスのエネルギーに変えるには

人に対してうらやましいと思うのは、よくある感情だ。時には妬みの感情が生じることもあるかもしれない。会社では営業成績や上司受けのよさ、プライベートでは恋人の有無やインスタのフォロワー数など、世の中は嫉妬の種であふれていると言っても過言ではない。

「嫉妬」という言葉にはマイナスイメージがつきまとうことから、「そんな気持ちを持ってはいけない」「嫉妬している自分がイヤだ」と自己嫌悪に陥る人も多いだろう。

そもそも、どうして嫉妬心が生まれるのだろうか。たとえば、自分と同じ大学を出ているのに大手企業に就職した同級生、年下なのに仕事ができる同僚、ハイスペックな恋人を持つ友だちなど「自分にないもの」に対する焦燥感であったり、恋愛においては相手の気持ちが自分以外に向いてしまうのではといっ

た恐怖心もあるだろう。つまりは自信のなさの表れなのだ。

一見、悪者である嫉妬心だが、心理学的に見るとマイナス面ばかりではない。

嫉妬の感情が芽生えてきたら、まずは「自分は今、自信を失っているのだ」という現実に目を向けてみよう。自信のなさを認めた上で、それをプラスの気持ちに変えて行動に移すことが大切だ。

自分の容姿にコンプレックスがある場合、身長や手足の長さを変えることは難しい。しかし、自分に似合うファッションを勉強し、取り入れることはできる。また、営業成績が伸び悩んでいるのであれば、成績トップの同僚に嫉妬するエネルギーを競争心に変え、がんばるためのモチベーションアップにつなげることも可能だ。

「満員電車が苦手」は恥ずかしくない！自分の領域を侵犯されると誰でもイヤ

KEYWORD 対人距離

自分の領域を侵されると人は不快になる

満員電車を不快と感じる人は多いだろう。映画館やレストランなどでも、他に空席があるにもかかわらず見知らぬ人が隣に座ってきたら居心地が悪く感じるものだ。

人には他人に侵入されると不快に感じるエリアがあり、心理学では「パーソナルスペース」と呼ばれている。

パーソナルスペースは相手が親密な人ほど範囲が狭くなり、関係性が薄れるほど広くなると言い、一般的に、男性は女性よりもパーソナルスペースが広いと言われている。

相手が顔見知りの場合、距離を縮めることでより親密になることがあり、選挙のときなどに候補者が有権者と握手をすると好意的に受け取められることもわかっている。相手と親しくなりたい場合は距離感をつめてみるのもひとつの手段かもしれない。

パーソナルスペースには4つある

他人に侵入されると不快に感じる距離、スペースは大きく分けて４つ。関係性が濃いほど狭く、薄いほど広い。この心理学を応用してパーソナルスペースを利用して仲よくなることもできる。

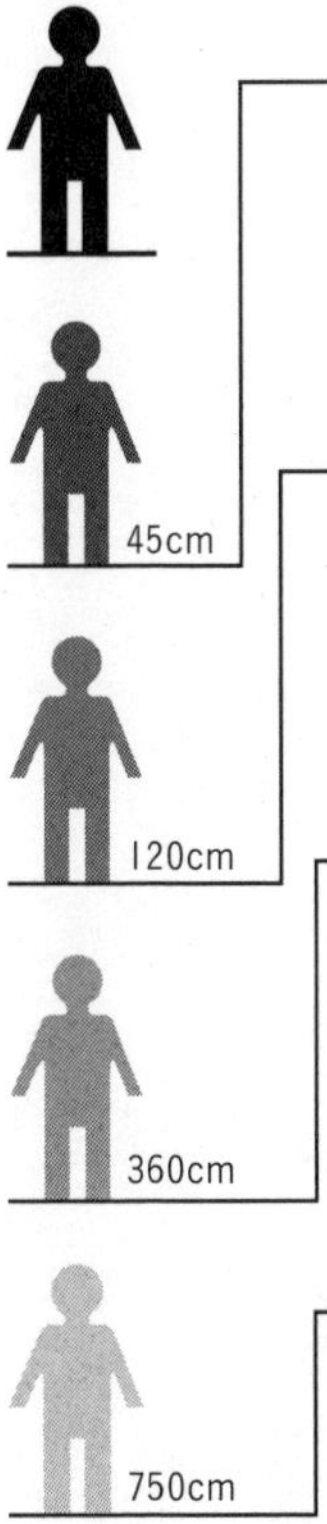

親密な人との密接距離

近接相 0～15cm。視線を合わせたり、においや体温を感じたりすることができる。

遠方相 15～45cm。手が届く距離で、親しい人同士なら不快にはならない。電車など、他人の場合は近づいてストレスになる距離。

相手の表情が読み取れる個体距離

近接相 45～75cm。どちらかが手や足を伸ばせば、体に触れることができる。

遠方相 75～120cm。両者が手を伸ばせば指先が触れ合う距離。私的な交渉ごとではこの距離を取ることが多い。

ビジネスに適した社会距離

近接相 120～210cm。相手に触れたり、微妙な表情の変化を見ることができない。会社などで客に対応するときの距離感。

遠方相 210～360cm。両者が手を伸ばせば指先が触れ合う距離。公式な商談や面会はこのくらいの距離を取る。

個人的な関係が希薄な公衆距離

近接相 360～750cm。相手の様子はわからず、個人的な関係は成立しにくい。

遠方相 750cm以上。言葉の細かいニュアンスが伝わりにくく、身振りなどが中心となる。

人は傷つかずには生きていけない 親しい人に対しても距離感が必要

KEYWORD 心理的距離

傷つかずに生きるのはとても難しい

「パーソナルスペース」が物理的な距離感であるのに対し、心理的な距離感に用いられるのが「ヤマアラシのジレンマ」だ。ドイツの哲学者ショーペンハウアーの寓話から生まれた言葉である。

寒い冬のある日、ヤマアラシは身を寄せ合って暖を取ろうとする。しかし、近づき過ぎると針のような毛が相手を傷つけてしまい、離れ過ぎると寒いというジレンマに陥ってしまう。ヤマアラシは近づいたり離れたりを繰り返し、やがてちょうどいい距離感を見つけることができた、というものだ。

人間関係もこれに似ている。あまりにも濃密な関わりはうっとうしく感じるが、ひとりきりは寂しい。

当然のことながらムダに傷つくことは避けるべきであり、悪意を持って人を傷つけるよ

相手を傷つけない距離が大切「ヤマアラシのジレンマ」

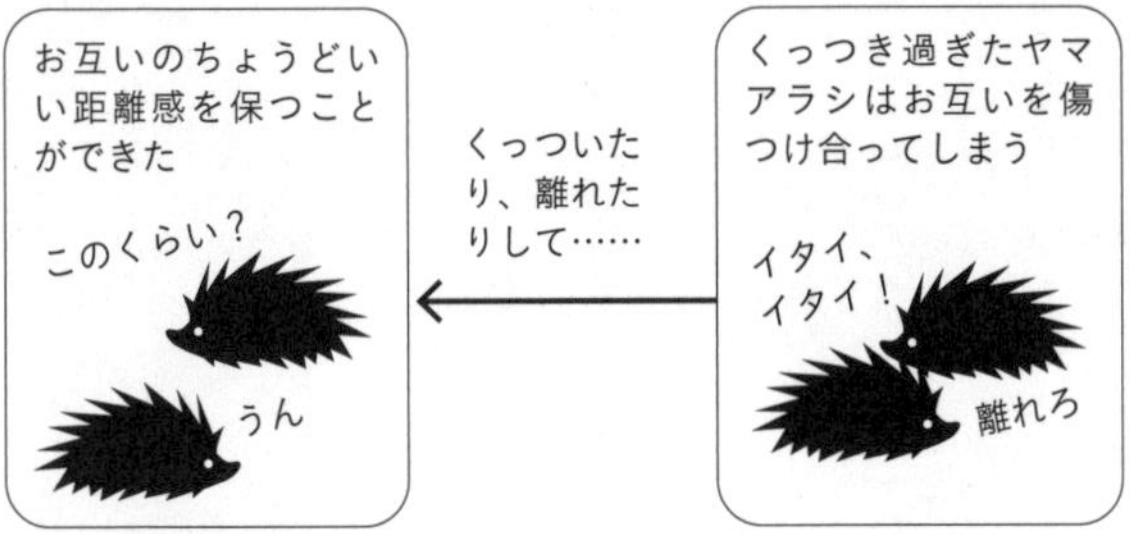
お互いのちょうどいい距離感を保つことができた
このくらい？
うん
くっついたり、離れたりして……
くっつき過ぎたヤマアラシはお互いを傷つけ合ってしまう
イタイ、イタイ！
離れろ

針毛に身を包むヤマアラシ同士が体を寄せればお互いの針で相手を傷つけてしまう。人間関係も同じで、近づきたい相手ほど、相手を傷つけないよい距離感が重要だということだ。

うな人物からは離れたほうがよい。しかし、ただ「傷つくのが怖い」という理由で、恋愛や仕事の人間関係に苦手意識を持ってしまうのは、もったいないことかもしれない。

人それぞれ考え方や価値観が異なるため、心理的な距離が近づき過ぎると個々の正義がぶつかり合いけんかになってしまったり、傷つけ合ってしまったりすることがある。かと言って、対立を恐れて、距離を取ってしまうと、いつまでたってもコミュニケーションは深まらないものだ。

お互いに心地よいと感じる距離感を知るためには、探り合うことが大切なのだ。その過程においては自分が傷つくことも、意図せず相手を傷つけてしまうこともあるだろう。それでも、その経験は後の人生を豊かにしてくれるものである。

お金や地位がないから不幸せなの？
ポジティブ思考が幸せを引き寄せる

KEYWORD プラス思考

物事のとらえ方は人それぞれ
プラス面に目を向けよう

「人生は山あり谷あり」、「人間万事《ばんじ》塞翁《さいおう》が馬」などと古くから言われるように、幸福ばかりが続くことはありえないし、不幸ばかりが続く人生もない。それでも、幸せそうな人と不幸そうな人がいるのはなぜだろうか。

その違いは「思考」にある。たとえば、経済的に逼迫しているときに「お金さえあれば幸せになれるのに」と考えるのは不幸な思考パターンだ。「お金はないけど自由な時間はある」「お金はないけど健康にすごせている」など、今ある幸せに目を向けることのできる人が幸福感を得やすいのだ。

同じ出来事であっても、それに対するとらえ方は一通りではない。不幸なときほど物事を多面的・多角的に見て、プラス思考になることができれば、自らの心で幸せを作り出すことが可能になるのだ。

幸せになれる考え方がある

幸せは出来事ではなく、自分の心が決める

トップダウン説

個人の性格や考え方が幸福感を左右するという考え方。

こっちの学校に進学したけど友だちがいっぱいで楽しい

ひとり身だから自分の時間に集中できる

この仕事に失敗したけど学ぶところがあった

どのような状況においても、物事のプラスの面に目を向けることができれば幸せを感じる。

ボトムアップ説

プラスの出来事の数が幸福感を左右するという考え方。

試験に合格したら私はハッピーになれる

あの人と恋人になれたら幸せになれる

この仕事で成功しさえすればうまくいく

「たら・れば」にとらわれると、いつまでたっても幸せを感じることはない。

親に愛されなかった親は子を愛せない
まずあなた自身が自己肯定感を高めよう

KEYWORD　親の自己肯定

まず自分を大切にすれば子どもを大切にできる

親は子どもがかわいいもので、子どもが関係すると些細なことでも気にかかる。特に子どもが友だちに馴染めない、勉強が不得意、など心配なことがあると、ついそのことばかり考えてしまう。しかし、親が子どものことにかかりきりで自分を見失っていると、子どもは逆に不安を感じかねない。

子どもにとって親は、最も身近な目標であり拠りどころだ。その親が親自身のことを大切にできていないと、子どももその姿をマネしてしまう。「子どもが○○できないのは自分のせいだ……」などと自分を否定していると、子どもも自己を肯定ができない。さらに、自己肯定感が低いと自分の悪い点にばかり目を向けがちだが、そのクセが子どもに対して発揮されてしまうこともある。子どもの悪いところばかりが見えているかもと感じたら、ま

親の虐待が子どもに負の連鎖を起こしてしまう

脳の発育
不全
情緒不安定
記憶障害
喜怒哀楽
に乏しい
泣きやめ！
感情が鈍
くなる

虐待の種類

身体的虐待	殴る、蹴る、タバコの火をおしつけるなど
精神的虐待	無視する、暴言を吐くなど
性的虐待	体にさわる、性行為をする
ネグレクト	世話をしない、食事を与えない

ず自分の自己肯定感を点検してみてほしい。

自己肯定感とは、「いいところも悪いところも全部含めて、これが自分の姿なんだ」と受け入れること。親が自分自身を受け入れ、同じ要領で子どものことも受け入れれば、子どもも自然と自分を認め受け入れることができるようになるだろう。

自己肯定 知っ得MEMO

夫婦で一緒に家族の関係を見直してみよう

両親がよくコミュニケーションを取り互いを尊敬していれば、その姿勢は子どもに伝わる。夫婦で話す時間を作り、互いが家族のためにしてくれていることに改めて目を向けてみよう。家族全体の関係改善につながるはずだ。

自己肯定感の名言

私たちは皆、お互いを
大切と思っていることを
示すべきです。
そして、自分自身のことも
思いやるべきです。

ウェールズ公妃

ダイアナ妃

第3章

後ろ向きな考え方を変えるコツは？

「自己肯定感」を高める思考習慣

あなたの自己肯定感を低めているのは、
常日頃からのゆがんだマイナス思考にある。
その思考の「クセ」を変えるレッスンをしてみよう。

クセになれば無意識で行えるもの習慣化であなたの思考や行動を変えよう

KEYWORD 習慣化

よい習慣を身につけるには数日継続することが必要

アメリカのデューク大学で行われた研究から、「人間の行動の40％以上は習慣によるもの」であることが判明。自分の意思で行動していると思っていたのに、その半分くらいの行動が、実はただ毎日の習慣だから行っていたものだ、と論文で示されたのだ。

たとえば、「私にはできない」と、はじめる前からあきらめたり、行動に移すまで時間がかかったりするというタイプの人がいる。これは、やめたいのにやめられない、という悪い習慣が身についているため。しかし、こうした悪い習慣をよい習慣に変換すれば、行動や意識も変えることができる。

どう習慣を身につけるのかを知り、よい習慣に置き換えればいい。「一定の行動を繰り返すこと」によって、習慣化は可能だ。また、ある程度の期間、繰り返す必要がある。

ロンドン大学の心理学者フィリップ・ラリー博士の実験では、習慣化に必要な期間は平均して66日間だという結果が出た。一方で、21日間で習慣化できるという説もある。これは、ジョセフ・マーフィー博士の「潜在意識21日間の法則」により広まったもの。第2章で述べた、潜在意識に働きかけて固定化することで無意識の行動ができるという方法である。

習慣化に必要なのは、その行動を脳のネットワークに刻み込み、無意識に行えるようにすること。単純な行動なら21日ほどで、複雑だと60日以上かかるというのを目安にするとよいかもしれない。

よい習慣を身につけるには、毎日、繰り返すこと、前向きな思考や行動を取ることがポイント。習慣として取り組むといい具体的な行動について、本章で紹介していく。

小さなステップを積み重ねると大きな成功を導くエネルギーになる

KEYWORD 小さな段階

脳に細かく報酬を与えてやる気アップを図ろう

身についた習慣を手放すには、潜在意識に刻み込まれた行動を変えるのだから、ある程度の期間が必要で、今すぐに劇的な変化や成果を期待できるものではない。同時に、大きな変化を求めるとムリが生じて、挫折してしまうことも多いもの。もし挫折してしまったら、習慣化することにネガティブなイメージを持ってしまい逆効果になる。

そこで、心がけてほしいのは、小さな段階を踏んで徐々に習慣として身につけていくこと。ステップを踏み、小さな達成感を積み重ねていけば、継続するためのモチベーションも高まる。ムリせず着実に一段ずつ階段を上がる努力を続けていたら、やがて最終目標に到達しているというのが理想的だ。

このような考え方は、アメリカの心理学者バラス・スキナー教授が唱えたもので、「ス

スモール・ステップの法則

最終的な目標を達成するために、小さな目標に細分化して進めるのがよい。そうすると、達成感を得られ実現度も高まる。いきなり大きくジャンプしても目標には届きにくい。

モール・ステップの法則」として知られている。人がモチベーションを持続するには、脳にある報酬系という回路にごほうびを与える必要がある。この回路に頻繁《ひんぱん》なごほうびを与えて、モチベーションを保つ方法だ。

取り組むときのポイントは2つ。達成可能な課題を選ぶことと、達成した際に成功体験だと認識できること。これで、脳の報酬系がやる気を出して、確実に習慣を変えることが可能になる。

まず、何か習慣にしたいことをノートに書き出して、達成するまでの過程を必要なステップごとに細分化しよう。小さなことでも実行できたら花丸をつけたり、お気に入りのシールを貼ったりする。花丸というごほうびが増えるにつれて、習慣が身についていくことを実感でき、続ける意欲につながる。

書くことが記憶によい影響を与える
客観的な視点から自分を見つめよう

KEYWORD 客観的な視点

ノートに書くことで、自分の感情を外へ出せる

目標を紙に書き、誰かに伝え、説明をした人は、目標があるだけで何もしない人と比べ、達成率が33％高いと実証されている。この調査は、カリフォルニア・ドミニカン大学の心理学者ゲイル・マシュー教授によるもので、「書くこと」の重要性が証明されたのだ。

さらに、書くことで「アウトプット効果」

も期待できる。ノートに感情を書くと自分の考えが整理でき、客観的に理解できるというものだ。今の自分を理解し、認めることは、自己肯定感を高める助けになる。

「筆記療法」と呼ばれる心理療法を提唱した心理学者のジェームズ・W・ペネベーカー博士は、自分の感情を書くと、心身ともに健康になる、と述べている。その研究は、ストレスフルな経験をした被験者に、それを体験したときの自分の感情・考えを筆記させるとい

うプログラムによるもの。この結果、ストレスの軽減など、全員になんらかの改善が見られたのだ。

ネガティブな感情に心がとらわれてしまうと、気分の切り替えが困難になる。ネガティブな感情を自分の中からノートへ書き移して、気持ちをスッキリさせて心も軽くなろう。

自己肯定 知っ得MEMO

お気に入りの文具でモチベがアップする！

コスメなどのよく使うグッズをお気に入りのものにするだけで、気分がアップする。ノートに書くときも一緒。スタイリッシュなデザインやかわいいキャラクターものなど、好きな文具を用意して、モチベーションをあげていこう。

書き出して「見える化」で自分と対話 心の中をスッキリ整理整頓する

KEYWORD 見える化

内面を見つめることで自分自身との対話が可能に

書くことで得られる効果はまだある。それは「見える化」効果だ。文字として見ることで自分自身を俯瞰することができる。

普段、私たちは自分の感情の原因を意識して考えずに日常生活を送っている。しかし、書くことで客観的に自分の感情や思考をとらえられ、頭の中が整理されて、漠然としていた不快の原因などが鮮明になるのだ。そのため、どう対応すればいいかという対応策が立てやすくなる。

同時に、書くことが感情や性格などの内面を深く掘り下げることにつながっていく。自分の内面を深く掘り下げる行為は、ポジティブ心理学などで効果が実証されている「内省」と言われるものだ。自分と向き合い、今の感情がどのようなプロセスで生まれ、原因がどこにあったのか、などと具体的に考えられる

ようになる。

特に、ノートに書き出す作業が効果を発揮する。いわば、自分との対話を書き留める作業とも言える。書くことで感情や思考がきめ細かく認識でき、自分の内面の理解を促す。そして、自己認知が深まれば、自分自身を肯定的に受け止められるようになっていくのだ。

自己肯定　知っ得MEMO

きれいに書こうとする必要はない

気持ちを書き出すノートは、誰かに読ませるものではない。きれいに書くことより、気持ちを忠実に書き留めることをポイントに記入するといい。ネガティブな気持ちなど、人に知られたくない感情も包み隠さず書いていこう。

書いて脳を刺激し記憶を定着化
潜在意識に働きかけ行動と思考を変える

KEYWORD 自己暗示

記憶したものが暗示となり人間の行動に影響する

ノートに書くだけでも自己肯定感を高める効果が期待できるが、繰り返し「読み返す」ことで、さらなる効果が生み出される。英単語を覚える際にも反復学習が欠かせないように、脳に記憶を定着させるには、目で見て読み返すという行動が必要だ。

反復して読み返すと、2つのインプット効果が現れる。それは、記憶の定着を促し強固なものにすることと、潜在意識に影響を与えて行動・思考を変容させること。どちらも、自己肯定感の高い自分へと変わるための味方になってくれる力である。

心理学に「プライミング効果」というものがある。人は、前もって与えられた知識により、無意識のうちに行動・思考が左右されることを示した理論だ。連想ゲームをする際、事前に植物の話をした後、赤と言われると

「チューリップ」や「バラ」を連想する。もし事前の話題がフルーツだったら、赤から「りんご」や「いちご」を連想しやすくなる。

定着した記憶が暗示となって、行動や思考を限定するのだ。内容を繰り返し読み返すことで、この自己暗示の力が有効に働き、ノートに書いた目標を叶える助けになる。

自己肯定　知っ得MEMO

日記のように毎日書かなくてOK！

ノートに書くのは、週に１回でいい。「毎日書かないといけない」となると、それができなかった場合、必要以上に気持ちが落ち込む原因を作ってしまうからだ。また、前の週の自分の状態と、現状を客観的に比べると変化がわかる。

書くときのポイント1
心を込めて今の自分をありのままに書く

KEYWORD 記憶

記憶しやすいのは心が揺すぶられる内容

記憶の研究で知られる心理学者のヘルマン・エビングハウスは、「人の脳はわざと忘れるようにできている」と唱えた。脳は絶えず膨大な量の情報を処理するので、すべてを記憶していては容量オーバーになるからだ。

では、脳の記憶に残りやすい情報とはどんな内容だろう。どのような内容をノートに書けば、記憶として定着しやすいのだろうか。

それは、感情のこもった文章だ。脳の仕組みから、そう考えることができる。

脳内で記憶の定着を司るのは、海馬《かいば》と呼ばれる部分である。この海馬の近い位置に扁桃《へんとう》体《たい》という感情に関係し、記憶に関する役割も持つ器官がある。感情が大きく揺すぶられるような出来事があると、扁桃体の反応が高まることが知られている。

また、海馬と扁桃体との間では情報伝達が

感じていることはなんでも正直に

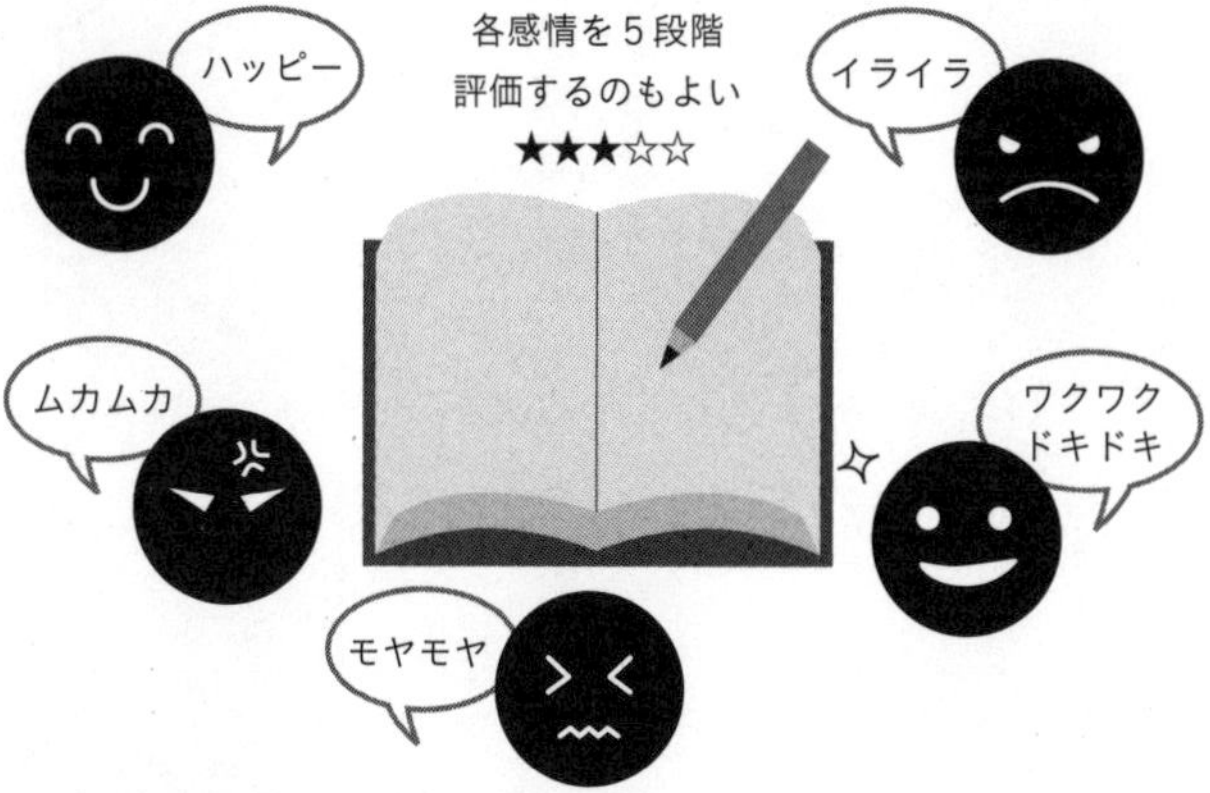
各感情を５段階
評価するのもよい
★★★☆☆
ハッピー
イライラ
ムカムカ
ワクワク
ドキドキ
モヤモヤ

行われている。もし、何かの情報で好き・嫌いなどの強い感情を持つと、扁桃体が強く反応する。それが海馬に伝わり活動が活性化され、より強く記憶として残るのだ。

このことから、記憶に残る文章の中身とは、自分の感情が伴った内容や、読み返すと心が動かされる内容だとわかる。

自己肯定 知っ得MEMO

今の想いを素直にありのままに

今の気分は、楽しい、ワクワク、疲れた、イライラ？　自分の正直な気持ちをそのまま言葉にして書いてみる。こんなことを書いたらおかしい？　などと他人の目を気にする必要はない。ＮＧなしで書いてみよう。

書くときのポイント2
理想・目標を完了した形で記録をする

KEYWORD 完了形

目標が達成したイメージを脳に刻み込ませよう

人の脳は、イメージと現実の区別があいまいだ。言い換えれば、イメージできることは脳にとって現実なのだ。行動心理学では、このイメージの力を利用して、目標達成の可能性が高められると言われている。

実際には実現していない目標や夢でも、頭の中で達成したイメージを持つと「未来の成功した記憶」となる。そのとき、最初から明確なイメージを持てなくても心配はいらない。不鮮明なものでも繰り返しイメージすると、はっきりした映像に変わっていく。そして、脳が目標達成した自分の姿をきちんと認識できれば、行動や考え方がポジティブなものに変化していくのだ。

目標や夢をノートに書く場合も、「〇〇できますように」という書き方はおすすめしな

目標を完了形で書く

来月の売上は○万円になりますように	→ 来月の売上は○万円になった
夏までに５ｋｇ痩せたい！	→ 夏までに５ｋｇ痩せた！
クローゼットの整理整頓をしよう	→ クローゼットの整理整頓をした

夢や目標が実現した形で文字にすると「なんだか、できそう」「そうか、できるんだ」と思うことができる。

い。「私は○○ができた」というように、必ず完了形の文章で記すのがポイントだ。
目標を達成した素晴らしい未来や、そのときのうれしい気持ち、家族や友だちが喜んでくれた光景なども想像しよう。完了形の文章を目にし、ワクワクした気持ちを持つと、脳はより成功したイメージを持ちやすくなる。

自己肯定 知っ得MEMO

気になったモヤモヤも書いてみる

整理できないモヤモヤした感情や不安、不満なども、感じたままを書いておこう。その原因を思いつくままに書いたり、どう対処したのかを記入したりする。読み返すことで、根本的な原因が見つかることもある。

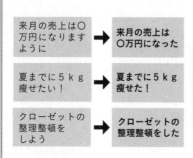

これは自分の大切なもの？　他人の意見？　自分軸と他人軸を分けて考えてみる

KEYWORD　自分軸、他人軸

他人からの評価を心配せず強い自分軸を作りあげる

心理学には、自分の課題と他人の課題に分けて考える「課題の分離」と呼ばれる思考法がある。他人の考えや行動は変えることができないので、他人の課題にはかかわらない。一方、自分ことは変えられるので、自分の課題は自分が考えや行動を変えることで解決したり改善したりできるというものだ。

人からどう見られているかという「他人軸」の評価ばかりを気にかけていると、自分を確立できなくなる。こういう人は「自分軸」がないため、自分を認められず自己肯定感が低い。しかし、他人の課題を抱え込まず、自分と他人を分けて考えると、余計な心の負担が減り人間関係のつまずきが解消されるのだ。

もし、相手のためにした行動なのに感謝されずイラついたら「人は人、私は私」と唱えてみよう。これだけで、自分軸を再確認でき

他人軸から自分軸へチェンジする

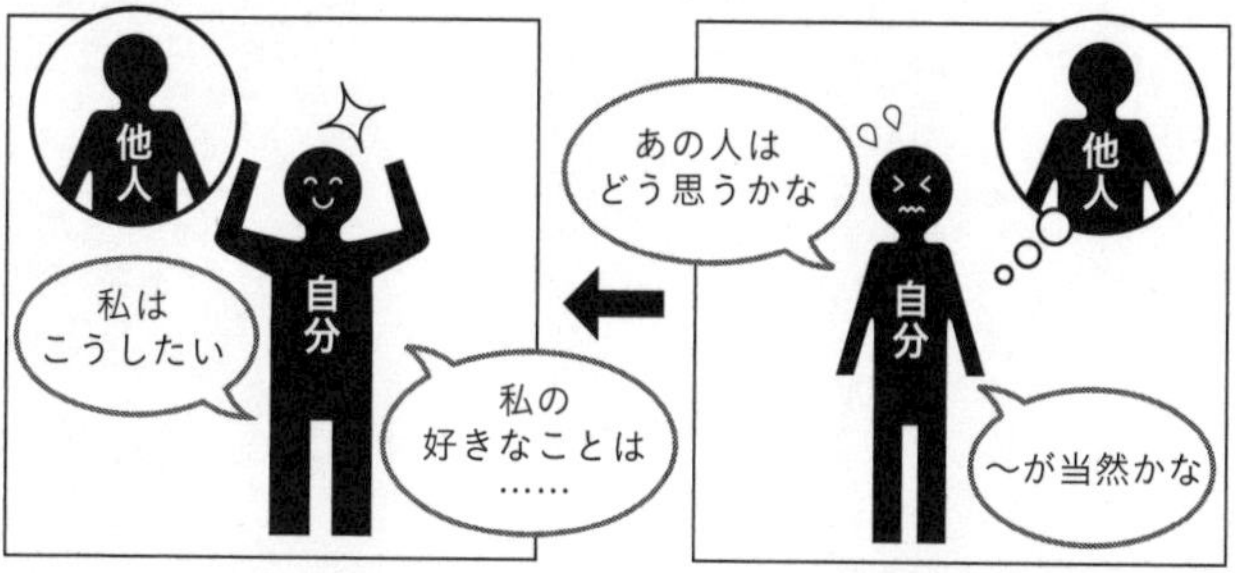
他人
私は
こうしたい
自分
私の
好きなことは
……
あの人は
どう思うかな
自分
他人
～が当然かな

自分の大切なことは何だったのか思い出し、自分へのダメ出しを放棄。自分の意見や気持ちを優先する。

他人の価値観を判断基準にしているので、周りの目や「常識」「当然」といった概念に縛られている。

て負の感情が減っていく。

　また、自分軸を持つためには、自分のやるべきことを明確にすることもポイント。たとえば、仕事の目標を定めて、今行うべきことは何かと考え、達成に必要な具体案を出して行動する。こうした主体的に動くことが自分軸を作る核になり、自己肯定感が育まれる。

自己肯定 知っ得MEMO

魔法の言葉でそのまま自分を受け入れる

いいも悪いも丸ごと受け入れることが自分軸を強くする。長所を見つけたとき同様、短所を見つけたとき、失敗したときも、「それが私です」と5回唱えてみよう。罪悪感が減り、失敗した自分も受け入れて許せるようになる。

仕事や家事のことを考えるとゆううつ……モヤモヤも迷いもどんどん書き出す

KEYWORD 心の偏り

自分で改善できることには取り組んでいく

このまま今の会社に勤め続けていていいのかな……。退社や転職を迷った経験は多くの人が持つものだ。さらに、仕事上の不安、生活や将来への漠然とした不安も感じているかもしれない。「なんとなく、いつも気持ちが落ち込みがち」という場合、それは心理的な視野が狭くなっていると言えるだろう。心の視野が狭くなって、考え方が悪いほうへ偏ってしまうことだ。

心の偏りをなくすには、今の感情（不安・迷い・悩み）を書き出す方法が有効だ。まずは、紙に書き出す。書いて「見える化」すること。そうすると、自然と心の中を客観視でき整理されていく。同時に、不安を自分の外へ取り出すことになるので、精神的にも楽になれるのだ。

書いた内容を俯瞰して見ると、努力しても

どうにもならないことがいくつか書かれているのに気づくだろう。それはすべて、スルーしていいことだ。そのことで、不安を感じたり悩んだりする必要はない。そして、残ったスルーできない不安や迷い、悩みは、自分でコントロールできることなので、改善に向けて行動していくといい。

自己肯定　知っ得MEMO

イライラは別ノートを作って書こう

怒りや恨みの感情を抱え込んだままにしておくと、怒りを再生産するなど、余計に苦しくなる。ため込みがちな人は、怒りや恨みだけを吐き出すためのノートを持とう。イヤな感情を書きつけると、感情が解放されて相手への怒りが浄化される。

それって本当に短所？ いいこともある？ 嫌いなところを前向きに言い換える

KEYWORD 短所、長所

周囲の人のイヤな面を変換
苦手も克服できるかも

自己肯定感が低い人には、自分のことが好きになれない、嫌いだという特徴がある。ありのままの自分を受け入れるために、自分の嫌いな部分や短所をノートに書き出してみよう。ネガティブなところばかり書き出すことになるが、それを見て落ち込んでしまうのでは、と心配する必要はない。

「優柔不断でなかなか決められない」は、物事に取り組む姿勢が慎重だと言い換えられる。「協調性がない」は、主体性がある。「人見知り」は、時間をかけて人との関係を築けると変換できる。このように人の性格は多面性があるので、短所と思っていたものが見方を変えると長所となるのだ。短所が長所であると考えられれば、自分ことを好きになれる。

中には、短所を直して克服しようとする人もいるだろう。しかし、短所だと思っていた

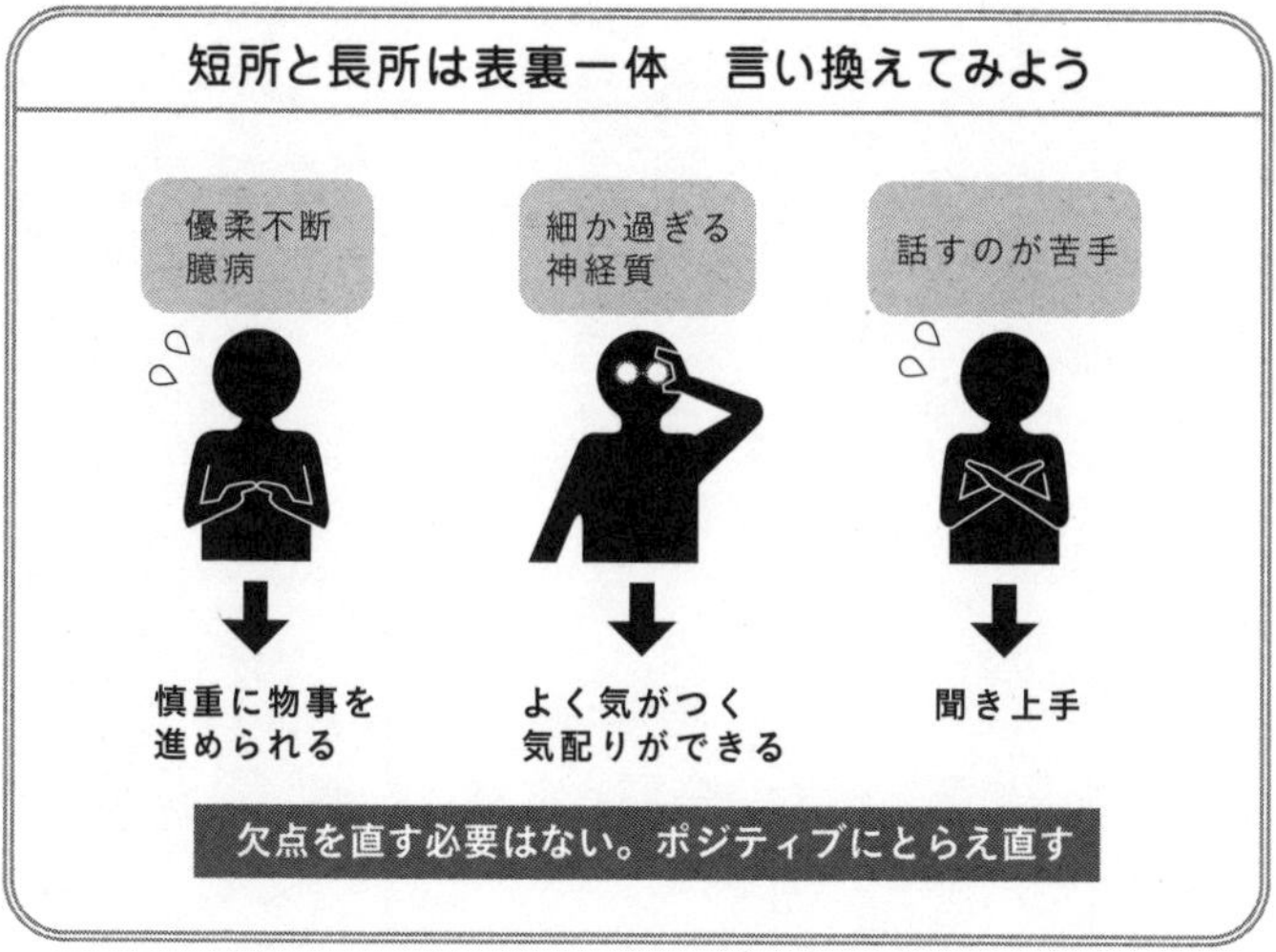
短所と長所は表裏一体　言い換えてみよう
優柔不断
臆病
細か過ぎる
神経質
話すのが苦手
慎重に物事を
進められる
よく気がつく
気配りができる
聞き上手
欠点を直す必要はない。ポジティブにとらえ直す

部分でも、言い換えたように長所である部分が存在するのだ。もし、なくしてしまうと、長所までなくなるので、ムリをして直さず、いい面を伸ばしていく方向で考えよう。

また、自分以外の人についても、同じように短所を言い換えてみるといい。上司の短気なところが嫌いだという場合、表裏がなくわかりやすい人物だと考える。仕事へのこだわりがあり、熱い思いを持つ人かもしれない。大ざっぱな性格の同僚がイヤなら、大ざっぱを細かいことにとらわれない、おおらかな性格と言い換えてみよう。

今まで苦手だと感じていた人に対しても、言い換えることでネガティブな印象が払拭できる。これで苦手意識を克服して、いい関係が築けると、人間関係の悩みを軽減できるようになるだろう。

あなたのパンク量はどれくらい？我慢の限界をイラストでイメージしてみる

KEYWORD キャパシティ

最後の最後には白旗を掲げても大丈夫！

自分ができる以上の仕事を抱え込んで周囲に迷惑をかけて、「自分はダメだ……」と落ち込んで自己肯定感が下がる。こんな経験をしたことはないだろうか？

人によって仕事などを受け入れられるキャパシティには違いがある。自己肯定感が低い人やしっかり者タイプの人は、キャパシティを大きく見積もりがちだと言われている。

こうした事態を避ける上で有効な手段が、自分のキャパシティをビジュアルでイメージするということだ。その人の能力や人格の大きさを表す言葉として「器」というものがあるが、自分の中の器やコップを頭でイメージするのだ。

自分の器に水が入っているところを想像して、「今は5割ぐらいだから、大丈夫だな」「8割ぐらいだから、セーブしたほうがいいかも」

と考えてみよう。ビジュアルでイメージすることで、自分の許容量をわかりやすく把握できる。

「キャパシティ99％までならＯＫ！」と考える人もいるかもしれないが、60～70％がベストだ。このぐらいの量であれば、トラブルなどの突発的な事態が発生しても落ち着いて対応できるはず。

そうは言っても、自分の都合とは関係なく、仕事がドンドン持ち込まれることもある。断りきれず、自分のパンクが近づいたときには、最後の手段として白旗を掲げる自分を頭の中でイメージしてみて。気持ちが楽になるはず。限界ギリギリで「どうにかしないと……」と自分を追い詰めないように。白旗を掲げても、あなたがダメというわけではない。そうして落ち着いたら素直に周りに頼ろう。

失恋、受験、就職……過去のトラウマとただありのままに向き合ってみる

KEYWORD トラウマ

昔の心の古傷を自分の目で見て自覚する

自己肯定感の低さには、過去のトラウマがかかわっていることが多い。トラウマにつながるイヤだったこと、恥ずかしかったことなどを見つめ直すことで、今の自分につながる過去の扱い方を変えることができる。

すでに心の中のモヤモヤを紙に書き出す方法を紹介したが、過去のトラウマも書き出してみよう。書いた内容に対してジャッジをする必要はない。まずは、ただ書き出すことに集中する。トラウマと向き合うのは楽しいことではない。「なんでこんなことをしなければならないんだ」と虚無感を感じたり、投げ出したくなったりするのも当然のこと。だからこそ意味がある。見て見ぬふりをしているから、かえって気になり、ビクビクしてしまうのだ。過去は過去。終わったこととして、飾ることなく、ありのままに書き出してみよう。

過去の傷をあえて振り返ってみる

家族のこと

両親や兄弟姉妹との間の印象的な出来事、イヤだった・つらかった思い出などを思い出す。

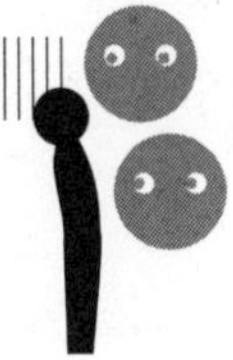

思春期のこと

クラスメートから笑われた、先生に叱られたなど、学生時代のショッキングな出来事を思い出す。

恋愛のこと

振られたとき、失恋したときのことなど、過去の恋愛での心の傷とそのときの気持ちを思い出す。

受験・就職のこと

テストや受験のとき、就職のときの失敗や挫折など、そのときの心の傷と気持ちを思い出す。

自分の人生チャートを書いてみよう

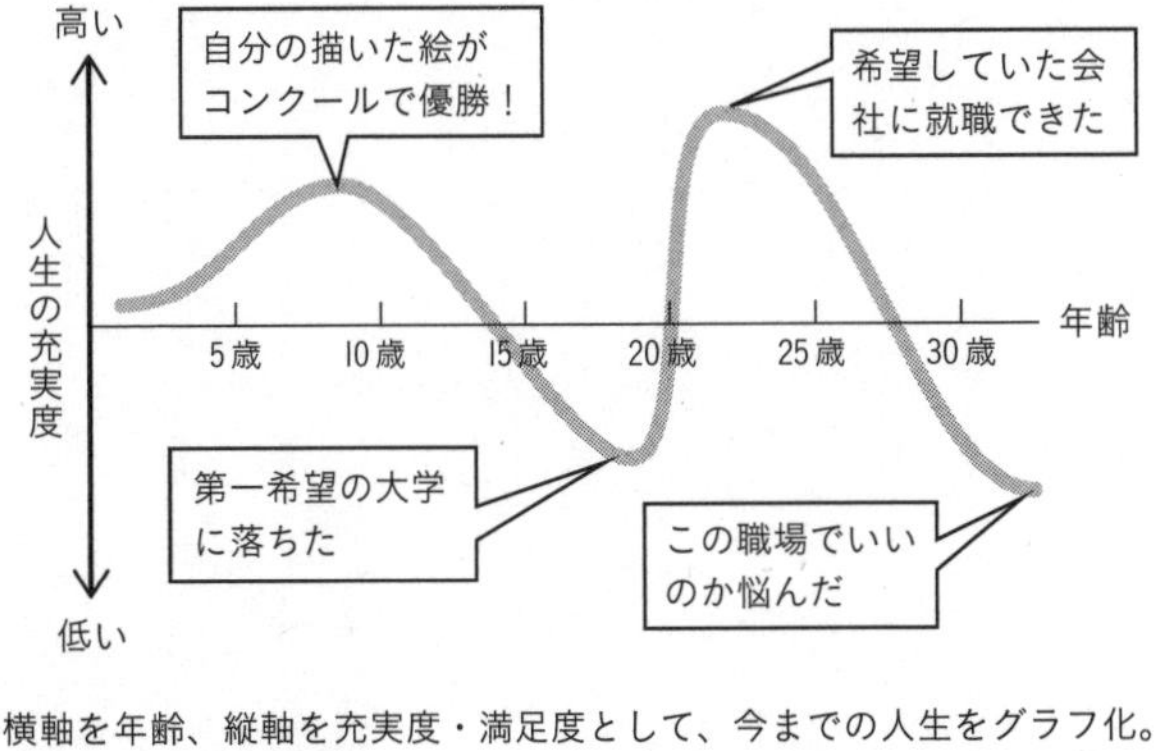

横軸を年齢、縦軸を充実度・満足度として、今までの人生をグラフ化。すると、山あり谷ありだったことがわかり、いいことも悪いこともあると気楽に思える。

「そんなこともあったな〜」と恥ずかしかったことを淡々と語ってみる

KEYWORD 向き合うこと

しっかり向き合うことで過ぎたことから解放される

前項で書き出したモヤモヤやトラウマに対して、どう対処すればいいのか。

まずは、しっかり読んでみる。過去のつらい体験がフィードバックして、イヤな気持ちや悲しい気持ちになるかもしれない。それに対して目をそらさず、まずはすべてを受け入れ味わう。目をそらしたい事実を冷静に書き出し、自分の気持ちに向き合っている自分は、それだけで前向きな人間であるということを自覚しよう。

自分自身で「見える化」したものを読んでいると、それがすでに過去のものであることがわかってくるはずだ。それによって、少しずつ気持ちの整理ができてくる。すでに終わった過去が自分を直接傷つけているわけではなく、過去の出来事を「苦しいこと」「つらいこと」としている自分が自分を苦しめている。

人に笑われたり、親や先生に怒られたりしたこと。失恋したショック。うまくいかずに自己嫌悪にはまったこと。そういうことを思い返し「また同じようなことが起きたらどうしよう」「どうせ自分は……」と無意識に考えてしまう。そういうサイクルに気づけば、意識してそこから離れることができる。

当時は「最悪」と思っていたことも、今思えばそこまでのことではなかった。むしろ、その後にもっと大変なことがあっても今まで進んできている。その現実にも気づくだろう。「どうせ」ではなく「次はうまくできる」「万が一、また失敗したからといって大したことはない」。このように意識して気持ちを切り替えること。「どうにかなる」と常に自分に言い聞かせよう。自分の気持ちを見つめた後なら、心からそう思えるようになるはずだ。

反抗期の頃の自分にタイムスリップ！親への感情をガッツリ吐き出す

KEYWORD 親の呪縛

気持ちを吐き出すことで過去の関係が精算できる

第2章で述べた通り、親との関係がよかった人は、一般的に自己肯定感が高い。自分を受け入れてほしい存在である親に受け止められた実感があれば、自己肯定感の核が確立する。その後の挫折にも負けにくい。

しかし親に叱られてばかりいたり、親からの愛情を感じられなかったりする子どもは、

自分を受け入れられない。逆に、親が過保護過ぎたり、心配性過ぎたりしたことも自己肯定感の芽生えをジャマしがちだ。子どもの行動や考え方を認めていないことであり、同時に親自身が自己肯定できていないのだから。

怖い親や過干渉な親との関係の中で、子どもは常に親の気持ちや行動を気遣い、過敏になってしまう。自分の気持ちよりも親の気持ちを読むことに意識を傾ける。成長してからも他人軸で生きがちになる。自己肯定感に不

可欠な自分軸が育ちにくいのだ。

そうであれば、親から自分軸を取り戻そう。親との関係、思い出、そのときの気持ちなどを書き出してみる。親に言いたいけれど言えなかったことをすべて書き連ねる。誰に見せるものでもないから乱暴な言葉でもいい。理不尽なわがままや甘えがあっても構わない。とにかく言いたいことを何でも書く。

すべて書き出してみると、スッキリしている自分に気づくはずだ。親や家族との関係は、相手が近い存在なだけにこじれがち。だが、それも気づくことで抜け出すことができる。冷静になったら、当時の親の気持ちを想像してみるのもいい。子どもにとって親はすべてだが、成長してみれば、それぞれひとりの人間。そこに気づけば、親との関係性に、自分自身で適切な距離を取ることができるだろう。

成功すると思って行動すると成功する！過去の成功体験をどんどん思い出す

KEYWORD 成功体験

いい気分でいることは大事 意識が現実を作るから

自己肯定感の低い人は、過去の失敗や挫折に目を向けがち。成功したことやほめられたことに対して「大したことではない」「本来の自分の力ではない」と、あえて否定してしまうことさえある。そして「成功体験なんて自分にはない」と思い込んでしまう。

マイナスなことに関しては、皆でしたことでも「自分のせいだ」。大したことでなくても「大変なことをしてしまった」と思う。これを逆転すればいいのだ。

ここまでで過去のトラウマをたくさん思い出し、しっかりと向き合ってきた。ここからは、よかった過去を思い出す番だ。過去に体験したうれしかったこと、うまくいったことを意識して思い出してみよう。最初はムリやりでもいい。

そもそも今こうして生きているということ

小さな成功体験を積み重ねて自信をつける

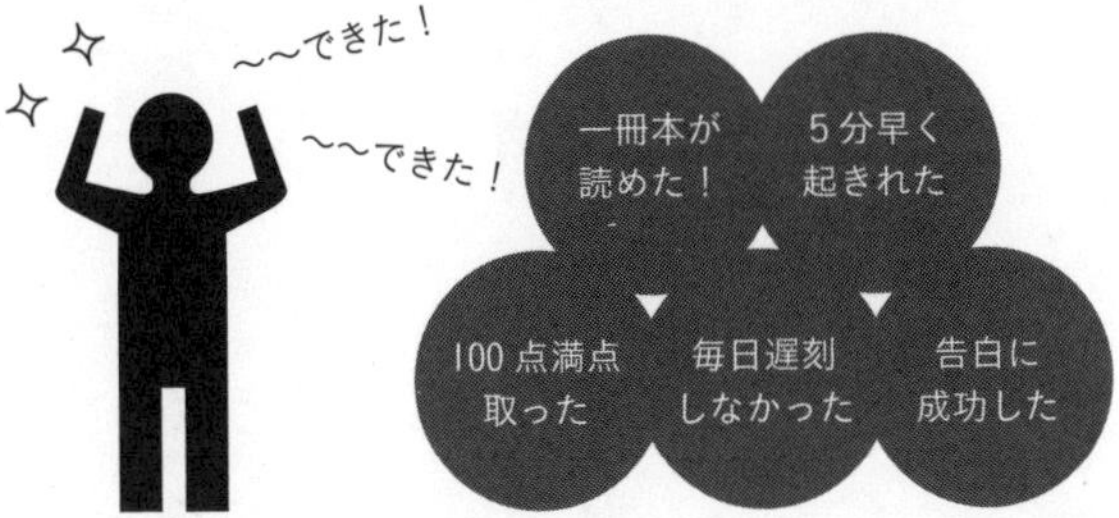
～～できた！
～～できた！
一冊本が
読めた！
5分早く
起きれた
100点満点
取った
毎日遅刻
しなかった
告白に
成功した

自己肯定感の低い人は過去の失敗体験ばかりに気を取られがち。過去の成功したことをたくさん思い出し、これからも小さな成功体験を積んでいく。

は、失敗と成功を同じくらい体験しているはず。そこを前提に考えよう。どちらにフォーカスしているかで「自分はできる」と思うか、「自分はダメな人間だ」と思うかが決まっているだけ。自分がどういう人間かを決めるのは自分。この自分軸を常に意識しよう。

ほめられたこと、うれしかった思い出、大好きな人とすごした時間。小さなことでもいい。「こんなこと、成功のうちに入らない」なんて思わずに、いいことを思い出す努力をしてみる。そのうちに自然といろいろ思い出せるようになってくるはずだ。

出来事を思い出したら、そのときの気持ちも思い返してみる。自分が成し遂げてきたことが思っていた以上に多いことに気づくだろう。達成感や喜びを改めてかみしめて、ポジティブな気持ちでいるクセをつけよう。

「今、ここ」にフォーカスする気持ちを過去からいったん現在へ戻す

KEYWORD マインドフルネス

気持ちが切り替わるルーティンを見つけておく

ミスをした、イヤなことがあった、人から意地悪なことを言われた。そんなとき、ついつい落ち込んだり、やる気をなくしたりするのは仕方ないこと。問題はそこからどう抜け出すか。失敗や悪い出来事は、すでに過去のこと。それを意識し、今に気持ちをフォーカスすることだ。

反省すべき点は反省し、気持ちを今に切り替える。難しい場合は行動で気持ちを切り替える。たとえば、立ち上がって屈伸をしたり、伸びをしたり、飲み物を飲んだり。お気に入りの音楽を聴くのもいいだろう。最近起きたいいことを思い出すのもいい。

また、自分の気持ちを客観的に見つめ「自己嫌悪」「嫉妬」「恐怖」「焦り」「後悔」などと分類してみるのもいい。イラッときたりモヤッとしたりしたら、そこで「あ、今は嫉妬

だ」などと他人ごとのように考えてみよう。

ごまかしのように感じるかもしれないが、そうではない。感情は思考に従うもの。「悪いことを考えると落ち込む」のではなく、「落ち込んでいると悪いことを考える」のだ。さらに、心が悪いほうを向いていると、現実にも悪いことが起きやすい。心を切り替えることは思考をポジティブにすること。それができることによって自己肯定感も高まる。

人の心はもともと心配する方向に向かっている。起こった悪いことを意識して、次にそれを防ぐようプログラムされているからだ。つまり、ポジティブでいるためには意識を今、ここに集中しなければいけない。マインドフルネス（今の自分の思考や感情に客観的に気づいている状態）が重要だと言われるのはこのためだ。

自分こそ自分の一番の味方になる！親友と話すように自分と対話する

KEYWORD 自分は自分

大事な相手への言葉を自分自身にもかけてみる

自己肯定感の低い人は自分にダメ出しをしがち。自分を認めることができず「こんな自分じゃダメだ」「こんな人間は嫌われる」などと思い込んでしまう。

今のままの自分でいい。そう認めることが自己肯定感アップの第一歩。たとえ誰に何を言われようと、自分は自分。足りない部分があっても、間違えることがあってもいい。

そう言われても、つい自分自身を責めてしまうのが自己肯定感の低い人だが、そんなときは友だちと話すように、自分自身と対話してみてほしい。友だちが失敗して落ち込んでいるとき「大丈夫」「完璧な人間なんていないよ」と声をかけるだろう。その通り。同じことを自分自身に言えばいいのだ。友だちにはそう言っておいて、自分ではできない自分を責める。これは矛盾している。

大事な人に対して言うべきことを、自分自身にも言ってあげること。自分は大事な人間だし、何より、自分がどういう人間かを決められるのは自分だけ。自分が「ダメな人間」だとしたら、自分自身がそうしているのだ。自分に対する否定的な意見が心の中にわき上がったら、そのことを何度も思い返そう。

自己肯定 知っ得MEMO

不安や緊張を取り去るバタフライハグ

心配ごとを解消する心理療法のひとつである「バタフライハグ」をぜひ試してみてほしい。自宅で簡単にできるセルフケアだ。目を閉じて胸の前で手をクロスして両肩を交互にトントン叩くだけ。自然と心が落ち着いていく。

自分自身をほめることが第一歩
自己否定は「ほめ」にすり替える

KEYWORD 自己承認

あなたの一番大切なものはなに？
「私、サイコー」と、ただ、ほめて

自分自身をほめる。自己肯定感の低い人にとっては機会の少ないことだろう。これも友だちをほめるときのことを思い出し、同じようにするといい。同時に、自分自身がほめられたときのことを思い出そう。

意識して思い出してみると、ほめられているシーンというのは意外とあるはず。自己肯定感の低い人は、それをスルーしてしまいがち。また、ほめられても「大したことではない」「お世辞だろう」などと自分で打ち消して、忘れてしまっていることが多い。

小さなことでもいいので、人からのポジティブな言葉を心の中でかみしめる。「ありがとう」と言われたことを思い出す。そして、自分自身をほめるネタを探す。「通勤時、運動不足解消のために駅まで早足で歩いた」としよう。「当たり前のこと」と片づけず「体調

劣等感から逃れるための2ステップ

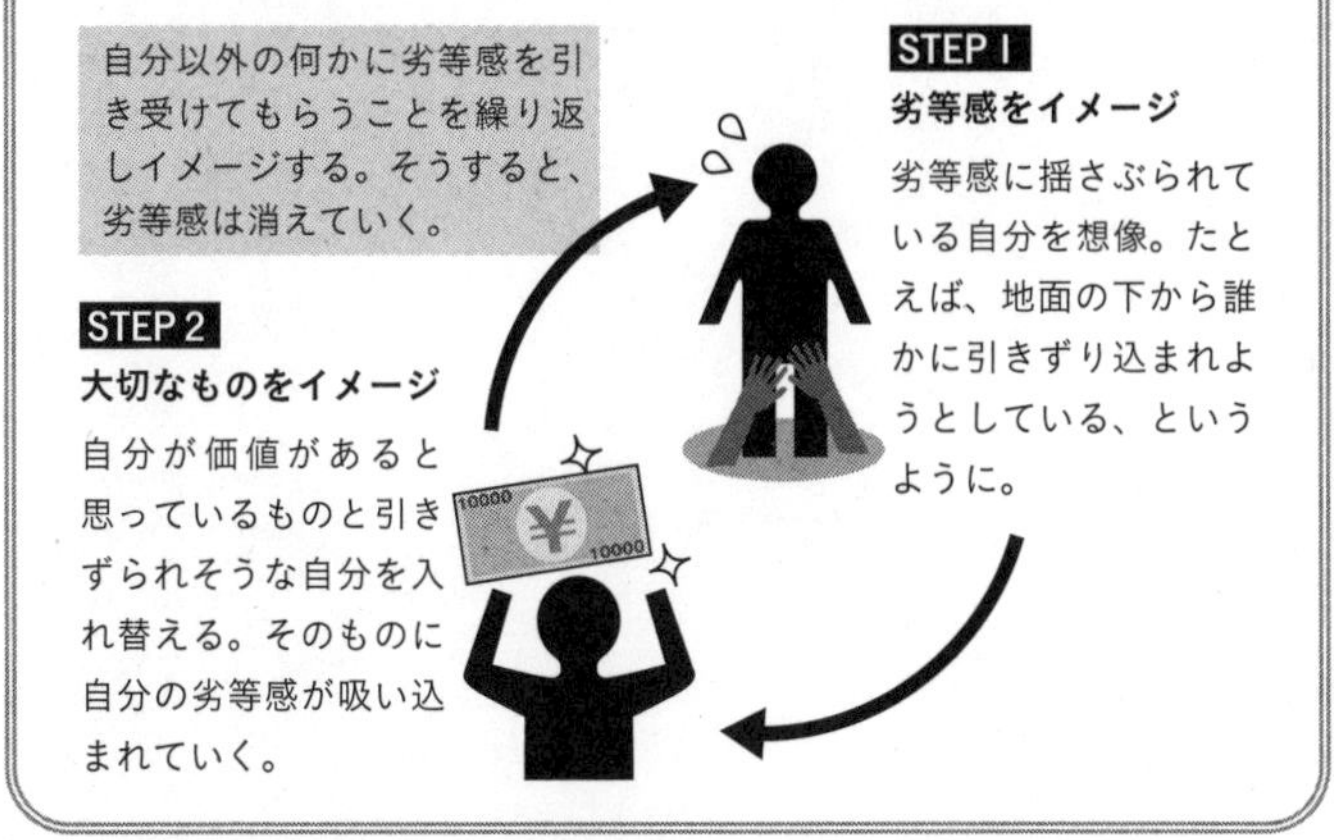
自分以外の何かに劣等感を引き受けてもらうことを繰り返しイメージする。そうすると、劣等感は消えていく。
STEP 1
劣等感をイメージ
劣等感に揺さぶられている自分を想像。たとえば、地面の下から誰かに引きずり込まれようとしている、というように。
STEP 2
大切なものをイメージ
自分が価値があると思っているものと引きずられそうな自分を入れ替える。そのものに自分の劣等感が吸い込まれていく。
10000
¥
10000

管理を意識し、日常の改善を目指して実行した自分」をほめる。意識してほめるクセをつけることで、自己肯定感はアップしていく。

特に、誰かにやさしくした、誰かの手助けをしたなど、誰かのためにがんばった自分をほめることは、自分を認める「自己承認」につながりやすいので意識して心がけてみよう。

自己肯定 知っ得MEMO

大事なものや自分のいい部分を書き出してみる

自分の大事なものを意識することは、自分を認めることにつながる。「自分ほめポイント」を書き出すことが難しいと感じる人は、自分の大切にしている人やもの、ことを思い出してみよう。それなら誰しもすぐ思いつくだろう。

感謝できること・人を思うままに書いて今までの人生からサヨナラ！

KEYWORD 感謝

すべてに感謝することですべてがいい状態になる

人から何かをしてもらえば当然感謝する。そこから一歩進んで、自分から感謝する。すべてのことに感謝するということが自己肯定感を高めてくれる。

それは、感謝が肯定だからだ。朝、電車が動いている。それに対して「今日も電車が動いてくれていてありがたい」「電車を動かしてくれている人たち、ありがとう」と思っているだろうか。電車が動いているのは当たり前のこと。それより電車が遅れたり止まったりしているときに「何をしているんだ」「今朝は運が悪い」と思うのが普通だろう。

だが、電車が動いていることに感謝していれば、遅れても「そういうこともある」「動かす人は大変。ありがとう」「ムリし過ぎずにがんばってほしい」ということになる。

自分にとってネガティブな状況が、気づき

「ありがとう」の気持ちでほっこりする

嫌いなあの人にありがとう

つらい思いをさせた相手にあえて感謝できることを考えてみる。すると、相手を許すことができ、自分の心の傷が消えていく。

自分にありがとう

自分にネガティブな感情がわき起こったら、「がんばったね」と自分の判断にまずは感謝する。すると今の自分を受け入れられる。

や感謝の場に変わる。すると、ポジティブな感情・出来事になるわけだ。

はじめはムリやりでもいい。周囲のことに感謝してみる。すると本当に感謝を意識できるようになり、自分自身が常にいい状況にいることができる。当たり前のことがいいこと。それが自己肯定感につながる。

自己肯定 知っ得MEMO

イヤな相手にも感謝してみると感情が変わる

イヤな人に対しても「私のために言いにくいことを言ってくれているから」「この人が問題点を明らかにしてくれているから」などと感謝の言葉を思い浮かべてみよう。そうすると、自分の周りのイヤなことがすっと消えていく。

毎朝1分だけ鏡に向かってニッコリ
セルフイメージをグングン上げる

KEYWORD 鏡ほめ習慣

笑顔はすべてを受け入れる
まずは自分自身に笑顔を

「自分をほめる」「すべてに感謝する」が難しい人は、鏡を利用してみよう。鏡の中の自分に向かって、友だちをほめたり感謝したりするときのような言葉をかけてみるのだ。

子どもの頃、親や先生にほめられたこと。大好きな人にかけられてうれしかった言葉。自分が成し遂げた、忘れていた成功。昨日友だちに手助けしてもらったこと。今朝の自分の表情や姿、行動のいい部分。そういうことを、ニッコリと自分にほほえみながら考えたり、ほめ言葉、感謝の言葉を声に出したりする。

最初は照れくさいかもしれないが、毎朝1分でもいい、とにかく続けること。ダメ出しや否定の言葉が浮かんだら、無視するか「それでもいい」とスルーすること。

自分で自分をほめること、ほめられることに慣れる訓練だと思えばいい。そのうち習慣

鏡に向かって自分の好きなところを話しかける

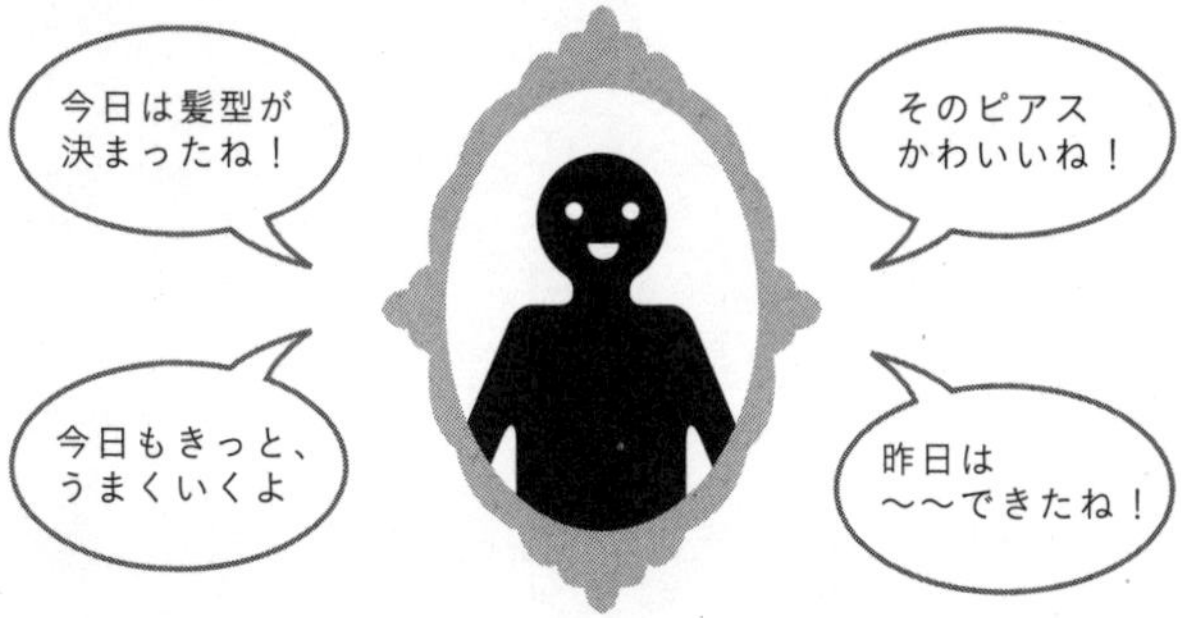
今日は髪型が
決まったね！
そのピアス
かわいいね！
今日もきっと、
うまくいくよ
昨日は
〜〜できたね！

自分の好きな服装やアクセサリーや体の部位といった外見、過去にうまくいったことをほめる。鏡の中の自分に語りかけるように行う。

になれば、自分をほめる部分が自然に見つけられるようになるはずだ。また、なんでもないことへの感謝から、ポジティブな肯定感が生まれるはず。すると自然に、自分や周囲に対していいことをしたくなり、それがまた自己肯定感につながるというポジティブの連鎖を生み出すことができる。

自己肯定 知っ得MEMO

好きなことを笑顔リストにしいつも思い出す

鏡に向かう際、もし緊張や不安を感じてニッコリできないというときのために、自分の好きなことやうれしいことをリストアップしておこう。鏡の近くにそのリストを置いておいて、笑顔の習慣ができないときは眺めてみて。

お願いする罪悪感0の「頼り上手さん」にひとりで抱え込む自分からは卒業

KEYWORD 他力本願

頼られるのはうれしいこと 認めているから頼れる

「頼る」ということをマイナスに考えていないだろうか。もちろん、自分がやるべきことをせずに人に頼ってばかりでは問題だが、なんでも自分で抱え込むこと、必要なときに人に頼れないことも同じくらい問題だ。

そもそも自己肯定感の低い人は、自分で抱え込みがち。「できないのは自分のせい」「こうなったのは自分が悪い」と考えてしまう。けれど、自分の能力ややる気の問題ではなく、キャパをオーバーしてしまっているのかもしれない。そこで「キャパシティが狭い」と自分を責めるのではなく、今の自分のキャパシティを見極め、オーバー分は人に頼ることだ。

「頼むのは迷惑」とはかぎらない。頼られてうれしい人は多いもの。頼られることは認められていることだからだ。頼ることを「あなたを認めています」というメッセージだと

直接頼めない人は鏡の自分に向かって

POINT

- 繰り返し続けることで、自分の感情の変化に気づくことができる
- 感情があふれて涙が出たら、そのまま気持ちを吐き出す
- 自分の頼れる人・好きな人、もしくは架空の人物や理想の人物を思い浮かべて

どうしても人に頼れない！　という人は鏡の前で、「助けて」と口に出そう。人に頼ることの罪悪感が減ってくる。

考えて、ムリをせず助けを求めよう。ムリをして自己完結してもいい結果にならないことが多い。すると、それがまた自己嫌悪につながるという負のスパイラルを招いてしまう。

まずは小さなことから、あえて人に頼むことを意識してみよう。周囲にも自分にもいい状態を生み出せる。

自己肯定 知っ得MEMO

人に言えない……鏡の前で「助けてワーク」

実際に助けを求めることにハードルを感じてしまう人は、その前の練習として、鏡に向かって「助けて」と言ってみよう。自分自身ではなく、頼れる人や好きな有名人などを思い浮かべながら「○○さん、助けて」と口に出そう。

すべて断れない人は10回に1回だけ嫌われる勇気を発揮してみる

KEYWORD 自分軸の強化

人にどう思われようと自分は何も変わらない

自己肯定感をアップさせるための基本は、自分軸で生きること。他人からどう思われているかを考えて自分の言動を決める他人軸の生き方では、自分自身を肯定することはできない。他人にほめられた瞬間に喜びや肯定感を感じられたとしても、それは自分自身が望んでいる生き方ではない。自分の人生を生きることが、自己肯定感を高めることだ。

人から嫌われることをおそれ過ぎないこと。空気を読み過ぎないこと。人のことよりも、自分の気持ちを大切にすることが重要だ。今、ありのままの自分を「このままでいい」と認めよう。嫌われても大丈夫。ひとりでもいい。イヤなことに自分を合わせているよりは、むしろひとりのほうがいい。悪口を言われても、バカにされても、自分は何も変わらない。その事実を自分に言い聞かせよう。

人からの評価はコロコロ変わるもの。ムリに合わせていい評価を得たからといって、何かあれば１８０度変わるかもしれない。それは仕方のないことであり、自分ではコントロールできない。自分がコントロールできるのは自分だけ。人からの評価に左右されなくなれば、気持ちがずっと楽になる。

自己肯定　知っ得MEMO

「嫌われていい」鏡の中の自分に毎日言ってみる

他人に嫌われることに、ちゅうちょを感じてしまう人は、まず鏡に向かって「嫌われてもいい」と唱えてみて。「(○○さんに) 嫌われてもいい」と毎日20回ほど、鏡の前で唱え、自分に言い聞かせて現実化させていこう。

「期待しない」「感謝されなくてもいい」お願いごとのストレスから自由になる

KEYWORD 期待

それが叶えられないと、ほめられない、感謝されないことで「どうせ自分なんて」という考えにつながりがちだ。ほめられたら素直に喜ぶ。ほめられなくても気にしない。このスタンスでいることを意識しよう。自分軸で考えれば、自分がしようと思ってしたことなのだから、相手がどう思ってもいいはずだ。

ただしそのためには「ムリをしない」ことがポイント。自分が忙しいのに頼まれごとをムリに引き受けたとしたら、それで感謝さ

ムリに抱え込むと相手に期待したくなる

自分軸で生きるということは「自分は自分、人は人」ということをポジティブに認めること。そして、相手の言動を必要以上に気にしないということの中には「相手に期待しない」ということも含まれる。

自分の行動に対して「ほめてくれるはず」「感謝してくれるだろう」というのも期待。

れなければモヤモヤするのも仕方ない。「こんなに忙しい自分に頼みごとをするのはおかしい」「空気を読んで他の人に頼んでほしい」というのも期待。「わかってほしい」と期待するから「わかってもらえない」と失望し、自分が重要視されていない感覚に陥ってしまう。

自分の状況をわかってほしければ、はっきり伝えること。難しければ、今抱えていることのリストを作って「見える化」を。相手に見せながら「これだけすることがあるので、その後でよければ」と言ってみる。

タスクも心配ごとも、抱え過ぎるとネガティブな気持ちを呼び寄せる。そんなときは、自分がたくさんの荷物を抱えている様子やその重みを想像してから、ひとつひとつおろしていくことをイメージする。最後にシャワーを浴びるイメージで、さらにスッキリするはず。

「すべて私のせいだ」はありえない！〝けんか両成敗〟でこじれた関係を円滑に

KEYWORD 連帯責任

絶対的に正しい人はいないできることをすればいい

トラブルや問題が起きたとき、自己肯定力の低い人は「自分のせいだ」と考える傾向がある。では、たとえば、あるプロジェクトがうまくいかなかったとき、チームメンバーの誰もがそのように落ち込んでいるのだろうか。落ち込むよりも、前向きに対処する方向に向かっているメンバーもいるだろう。そういう人に向かって「自分は失敗に関係ありませんという顔をしている」と思う人はめずらしいはずだ。ミッションの達成が目的であれば、反省して次に向かうことこそ重要。そんなことを思う人がいても、それこそ関係ないのだ。

人が二人以上かかわって起きたことは、すべて連帯責任。自分だけが原因でこの結果になったわけではない。だから相手だけが悪いということもない。相手には相手のルールがあり、それはコントロールできない。プロジェ

クトもそう。だから自分は「自己コントロール」をしっかりすることが重要だ。自分でできることとできないことを明確にし、できる最大限の努力をする。同時にネガティブ思考にとらわれないというコントロールも。

相手にイヤなことをされた場合、相手の立場になって考えてみることも有効だ。相手の責任にするのではなく、冷静に「この人はどうしてこうしたのか」と分析する。

されてイヤだったことをノートに書き出し、考えられる理由を書き込んでみるのもいい。自分軸のまま、相手の気持ちに寄り添ってみるのだ。「こういうことだったのかな」という気づきがあると、スーッと心が軽くなるはず。さっぱりわからなければ「わからない」でいい。自分軸で冷静に分析した時点で、すでにイヤな出来事は消化した過去になる。

イヤな気持ちになったSNSの投稿は一切シャットアウト！ 既読スルーも無視

KEYWORD SNS疲れ

SNSのコミュニティが人間関係のすべてではない

自己肯定感が低い人は何かに依存しがちで、SNSに依存してしまう人も多い。

楽しくSNSを活用できるなら問題ないが、他の人たちの楽しそうな様子を見たり、既読スルーされたりして心が苦しくなる、いわゆる〝SNS疲れ〟になってしまうようなら、SNSから距離を置いて、その使い方を再考したほうがいい。

特に、自分の中で不満が高まっているときにはSNSから離れることをおすすめする。自分の現状に満足していないと、SNSで他人の楽しそうな姿を見ると余計に落ち込んでしまうのだから。

SNSを利用する上では、フォロワー数や「いいね！」の数にとらわれず、そもそもSNSが人間関係のすべてではないと意識することが重要だ。

SNS疲れから逃れるアイデア

〇やるといいこと

- 「SNSお休み」期間を宣言して、「四六時中見ないといけない」から離れる
- 落ち込む人のSNSは見ないことにして、フォローからも思い切って外す
- SNS上のつき合いだけがすべてと思わない。SNS以外での人間関係も築く

✕やらないほうがいいこと

- 忙しかったり落ち込んでいたりとマイナスな感情にあるときに、SNSを見てしまう
- 友達やフォロワー数、「いいね！」を増やすことに執着する
- 批判やグチ、自慢の吐き出し場にする

批判やグチを書いてはいけないわけではないが、そのことで誰かを傷つけるかもしれないと注意したほうがいい。反論が来た場合も、価値観が違う人とＳＮＳ上で議論しても不毛な結果に終わることが多いので、はじめから投稿しないことを心がけよう。

今やっていることを逐一公開するのも避けよう。それが当たり前の状態になると、書かなくなった場合、余計な詮索をされてしまう。「常に見られている」という意識がプレッシャーになるので、時には「しばらく休みます」と、見ない・発信しない期間を宣言するのもおすすめ。「返事をしないと……」というプレッシャーからも解放される。

ＳＮＳを利用するのなら、自分の価値観を再発見したり、自分を見つめ直したりするチャンスがあると、ポジティブに考えよう。

「なんであの人ばっかり！」の嫉妬には人の成功を心から喜んで一体感を得る

KEYWORD 嫉妬

嫉妬の感情を認めるのが解放のための第一歩

他人の成功や立場をうらやむ感情は、多くの人が持っているものだ。嫉妬の感情は、相手が自分より優れいているから持ってしまうものではない。むしろ、自分と同じ位置や自分より下にいると思っていた人が成功したときに嫉妬の感情が生まれるのだ。

こうした嫉妬の感情が自分にあると認めることが、嫉妬から解放されるための第一歩。

嫉妬の感情を認めた上で、その気持ちをそっとしておくのがいいだろう。第三者に相談したりすると、思わぬトラブルにつながったり、相談して話す中で余計に嫉妬の感情をこじらせてしまうかもしれない。

嫉妬を解消するための有効な方法は、10年後の自分など未来に思いを馳せることだ。今の自分と相手を比べるのでなく、未来の自分のことだけをイメージすればいい。

相手より上の立場になれば自己肯定感が得られると考える人もいるかもしれないが、自己肯定感と優越感は別物である。優越感は他人より自分が優れていると感じるものだが、自己肯定感は他人に比べて自分が上か下かはまったく関係ない。自己肯定感は、あくまで自分軸から生まれるものなのだ。

自己肯定 知っ得MEMO

逆に嫉妬された場合にはどうすれば？

あなたが嫉妬されることもあるだろう。嫉妬してくる人は、パワハラやモラハラ的な言動を取ることもあるが、その際に「こちらが悪いのかもしれない」と思ってはいけない。相手の行動にしっかりと怒りを感じることが重要だ。

自己肯定感の名言

心を開いて「Yes」って
言ってごらん。
すべてを肯定してみると
答えが見つかるもんだよ。

歌手

ジョン・レノン

第4章

幸運を引き寄せる言葉を使おう

自分を好きになる魔法の言葉集&行動習慣

普段からネガティブなログセや言い回しを
使っていないだろうか。言葉を変えるだけで
思考や行動も変えることができる。そんな言葉を紹介。

言葉は脳にポジティブ神経回路を作る 口に出すだけで自己肯定感を上げる

KEYWORD 暗示

自己肯定宣言の力で自分の脳に暗示をかける

グチや文句といったネガティブな口グセは気持ちを沈める。一方、ポジティブな口グセは気持ちを前向きにする。言葉が自分自身の脳に暗示をかけるのだ。

ポジティブな言葉で脳に暗示をかけるのに有効と言われているのが、前にも紹介したアファメーション（64ページ）である。アファメーションとは自己肯定宣言とも言われ、「こうありたい」という自分の理想を声に出して宣言するという自己暗示法である。

具体的には、「私はすごく仕事ができる」「私は今モテまくっている」といった具合に宣言する。「できるようになりたい」などの願望形式を使わないことがポイント。「なりたい」は、裏を返せば「今は、まだなっていない」のであり、願望として脳に書き込まれてしまうから。宣言は実現したらワクワクするよう

言葉の暗示をかけて思考を現実化

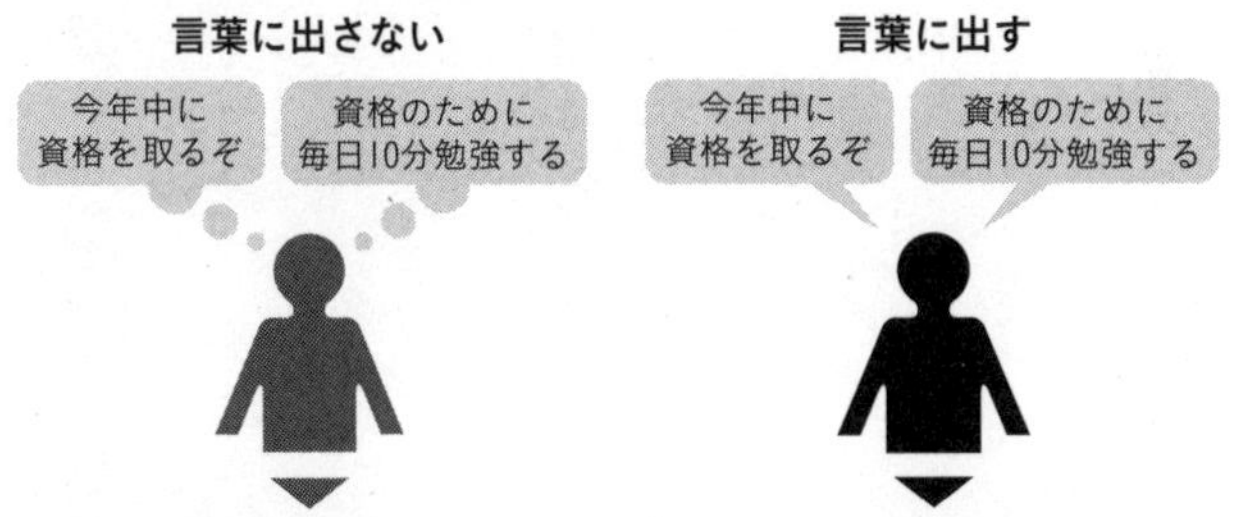
言葉に出さない
今年中に資格を取るぞ
資格のために毎日10分勉強する
言葉に出す
今年中に資格を取るぞ
資格のために毎日10分勉強する

頭の中で思考が現実化されず失敗する。　頭の中で思考が現実化され実現する。

言葉にすることで自分の中で確信や自信になり、自己暗示をかけられる。周りの人に宣言したりSNSで発表したりして文字にするとよい。

な内容でないと効果が出にくい。

その効果は絶大で、アメリカの大手出版社ヘイハウスの創設者ルイーズ・ヘイは、医師と協力して考案したアファメーションによってガンを克服したと言われている。また、２００６年にアメリカで制作された映画『ザ・シークレット』では、「治してくれてありがとう」と繰り返すことで乳ガンを克服した話が描かれている。気持ちを前向きに切り替えることで、身体上の治癒効果まで得られるのだ。

脳にポジティブな暗示をかける方法として、アファメーションの他にビジュアルなイメージを持つ方法もある。スコットランドの有機化学博士であるデイビット・ハミルトンはその著書の中で、想像する力（ビジュアライゼーション）によって線維筋痛症などの自己免疫疾患が治った実例を紹介している。

あなたは他人の言葉に影響を受けやすいタイプ？　こんな特徴があったら要注意

KEYWORD 言葉の暗示

言葉のままに流される人は大きく分けて3タイプ

グチや文句といったネガティブな言葉が暗示となり、知らぬ間に行動をコントロールされることがある。では、ネガティブな暗示にかかりやすい人とは、どういう人なのだろう。

タイプは大きく3つに分かれる。ひとつ目はコミュニケーションが苦手な人だ。このタイプは、相手が発した言葉を自分のこととして受け止めてしまう傾向がある。たとえば、仲よしグループで、その場にいない人物のウワサ話をしていたとする。「アイツって本当に自分勝手だよね」という誰かの発言を自分に向けられた言葉として受け止めてしまうのだ。「それって自分のことかも」と考えて、勝手に落ち込んでしまうのである。

人間関係で緊張してしまうタイプも、言葉の影響を受けやすい。「相手を怒らせてしまったらどうしよう」「こんなこと言ったら嫌わ

れてしまうかも」などと考えているうちに緊張してしまい、それが不安や焦りにつながるのだ。また、そういう人はひとりになったときに「どうしてあんなことを言ってしまったのだろう」「あんなことを言うべきじゃなかった」と、自分を責めて後悔することも多い。

最後は、自分の決めたルールにこだわり過ぎる人。「こういうとき、こうするんだ」という自分ルールは誰にでもあるはず。しかし、こだわりが強過ぎると、自分のルールに反する言動をする人にイライラして、ペースを乱されることも。いつまでもそのことを忘れられずに、ネガティブな感情から抜け出せなくなってしまうケースも珍しくない。

これら3タイプの人は、いずれも言葉の暗示にかかりやすい。自分を振り返り思い当たる部分のある人は注意が必要だ。

KEYWORD ログセの力

ネガティブワードは負のスパイラル 言葉を変えれば行動もみるみる変わる

ポジティブなひとり言が行動を前向きなものに変える

言葉には脳に暗示をかける力がある。「私ならできる！」が口グセの人と、「私にはムリかも」が口グセの人では、前者のほうが成功しやすいタイプなのだ。言葉が自分自身の意識や行動を変えるからである。

ここに興味深い実験結果がある。12人を4つのチームに分け、2つのチームには若者をイメージする言葉、もう2チームには高齢者をイメージする言葉を使って文章を作ってもらう。その後、別の場所に徒歩で移動してもらうと、若者をイメージする言葉で文章を作ったチームのほうが歩くスピードが大幅に速かったというのだ。

「仕事を早く終わらせよう！」「今日は集中して勉強するぞ！」など、意識してポジティブなひとり言を口にしてみよう。自分自身に暗示がかかり、モチベーションがアップする

言葉の力に頼って行動を起こす

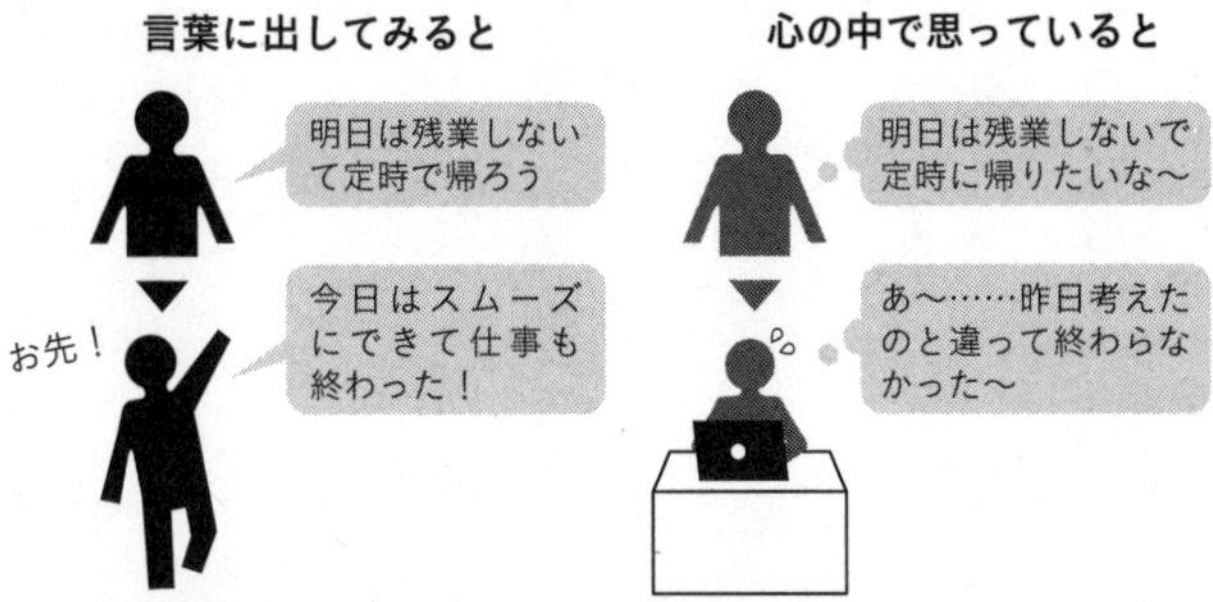
言葉に出してみると
明日は残業しないで定時で帰ろう
お先！
今日はスムーズにできて仕事も終わった！
心の中で思っていると
明日は残業しないで定時に帰りたいな〜
あ〜……昨日考えたのと違って終わらなかった〜

ポジティブなひとり言をつぶやくことで、モチベーションをアップしてプラスの結果を招くことができる。

ことだろう。

　逆にネガティブなひとり言はモチベーションを下げる。中でも、「やっぱり」は要注意。失敗をした日の夜、「やっぱり、あぁしておけばよかった」とつぶやいた経験はないだろうか。「やっぱり」の裏には、「今の悪い状況は想定内だ」「この状況は予測できていた」といった自己否定が潜む。失敗から物事を学べなくなってしまう。

　ユニークな人財育成法に定評のある事業家・永松茂久氏はその著書の中で「人間の脳は2割の映像と8割の言葉で作られている」と語る。思考を変えたければ、まずは言葉なのだ。心の持ちようを変えるのは簡単なことでない。しかし、意識してひとり言を言うのはいたって簡単である。行動を変えたければ、まずひとり言を見直すのが早道と言えよう。

謙遜と自己卑下は使い分けて！ポジティブワードが不安を解き放つ

KEYWORD 不安の解消

ひとり言による暗示で不安な気持ちを切り替える

不安の解消にも、言葉による暗示は効果的。通常、脳はひとつの思考からギアチェンジを経て次の思考へとシフトする。もし不安な気持ちが長く続けば、それは思考のギアチェンジがうまくいっていないためである。

では、どのような言葉を使えば思考のギアチェンジがスムーズにできるのか。たとえば、注射を怖がる子どもに「大丈夫、痛くないよ」と言っても、思考は「痛い」というシフトのまま。しかし、「好きな食べ物はなに？」といった無関係な質問をすることで、思考が「痛い」から「好きな食べ物」にシフトする。子どもであれば、相手が思考を切り替えてあげなければならないが、大人ならひとり言を活用して自身でシフトチェンジが行えるだろう。

相手にイヤな言葉をかけられたとき、すぐに言い返せないのも、「不安な気持ち」から

次の思考にギアを変えるシフトチェンジをスムーズに

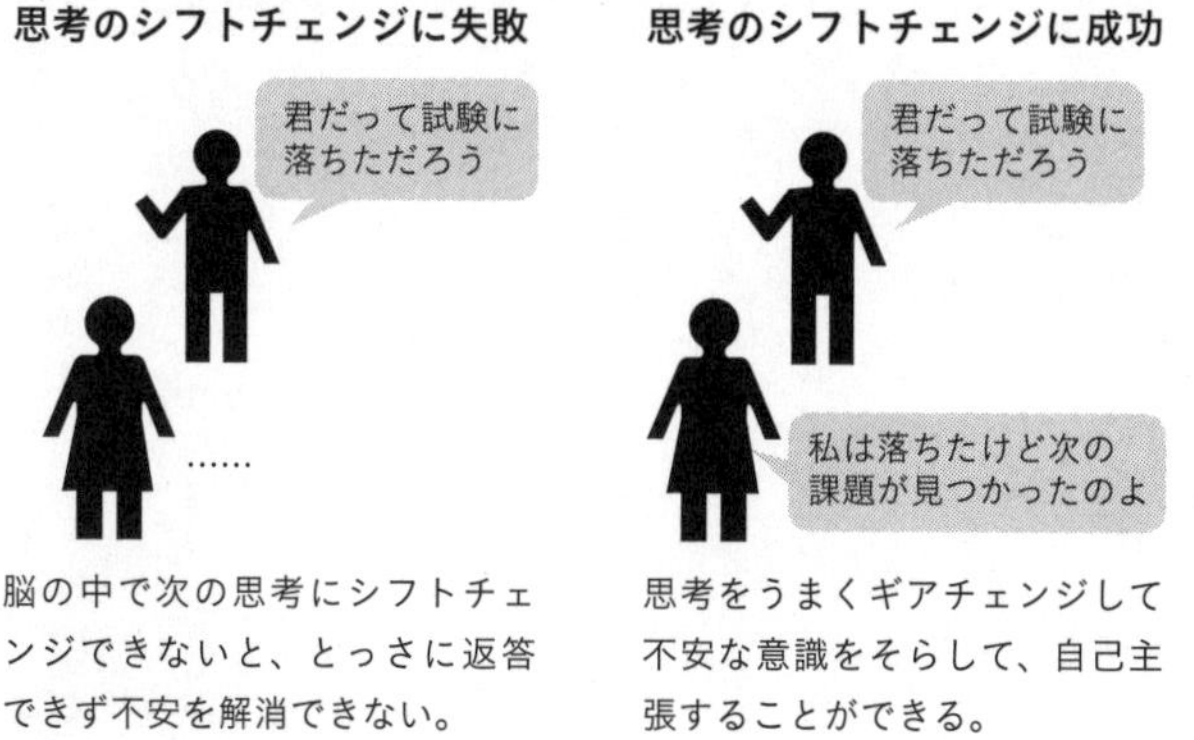
思考のシフトチェンジに失敗
君だって試験に落ちただろう
……
脳の中で次の思考にシフトチェンジできないと、とっさに返答できず不安を解消できない。
思考のシフトチェンジに成功
君だって試験に落ちただろう
私は落ちたけど次の課題が見つかったのよ
思考をうまくギアチェンジして不安な意識をそらして、自己主張することができる。

シフトが切り替えられないからだ。ひとり言によってギアチェンジしたいところだが、自分を鼓舞するひとり言には少々ご注意。「最悪！」を使い過ぎると「自分は最悪な存在」というイメージが定着してしまう。また、「くっそー！」はパワーを引き出す反面、劣等感を生み出してしまう場合がある。

自己肯定　知っ得MEMO

不安や緊張を伝播させるミラーニューロン

人の気持ちは伝播する。これは、相手の行動に反応し、同じ行動を取ろうとする神経細胞のひとつ「ミラーニューロン」の働きによるものだ。私たちは身近な人の不安や焦りといった感情を無意識のうちにマネしてしまうことがある。

人のマネをすれば自分の口グセに気づき言葉の危うさもわかる

KEYWORD ▶ 口グセのマネ

人の口グセをマネることで自分の口グセの傾向を知る

ひとり言は無意識に使っていることが多いため、自分ではなかなか気づきにくい。また、口グセになっていることも多く、知らないうちに暗示にかかっていることも少なくない。まずはひとり言や口グセに、どんな危険が潜んでいるかを知ることが大切である。

言葉の効果を知る早道は、他の人の口グセをマネることだ。たとえば、「わかっています」という口グセ。自分を守るためのネガティブワードだが、使うことで追い詰められた気持ちから少し解放されたように感じる。しかしその一方で、「わかっているから後でよい」という心理が働き、やるべきことを後回しにしてしまう場合がある。つまり、言葉による暗示にはメリットとデメリットがあるのだ。

「そもそも」も使うときには注意が必要なフレーズだ。「最初」や「発端」といった意

人マネで自分のログセをリセットする

あの人はよく「わかっています」と言っている。マネしてみよう
わかっています

デメリット

やらないといけないことを後回しにしたり、取りかかるのが遅くなってしまったりすることも。言葉の危険性に気づくことができる。

メリット

やらないといけないことがあったら「わかっています」と言ってみる。すると、追い詰められる不安から解放されて気持ちが楽になる。

味を持ち、論点を明確にするというメリットがあるが、相手には「自分の意見が否定されている」「価値観を押しつけられている」と受け止められてしまうことがあるからだ。

さまざまなログセを試すことで、言葉に潜む危険性を実感できるはず。自分のひとり言やログセを知るためにお試しを。

自己肯定 知っ得MEMO

相手の気持ちを逆なでする危険なログセ

気遣っているつもりでも逆に不快にさせてしまうフレーズがある。たとえば、「そもそも」は、自分基準の意見を伝える際に使われることが多く、高圧的な印象を与える。「普通は」「基本は」「世間では」も、自分基準の押しつけと取られがち。

今からすぐ使って運を切り開く幸運を導く8つの口グセ

KEYWORD 幸運の口グセ

ポジティブな言葉は気持ちを前向きにする

何気なく口にしているひとり言などの口グセは、自分の無意識下に働きかけることで生活に大きな影響を与えている。「楽しい」「うれしい」「私は幸せ者だ」といったポジティブな言葉は潜在意識に働きかけ、前向きな思考や行動が取れるようになる。何度も紹介したアファメーションの働きかけにより、運気を引き寄せることができるのだ。ここでは運を引き寄せる8つの口グセを紹介する。

①「明日は10分早く起きる」。毎晩、寝る前に気持ちよく目覚める姿をイメージしながら、自分自身に言い聞かせるように発声してみて。翌朝、スッキリと目覚めることができるだろう。

②「私って幸せ者だな」。「幸せになりたい」ではなく、「今現在、私は幸せだ」と言い聞かせることで運気を引き寄せられる。

③「今日も一日ツイていたな」。一日の終わりに毎日、自分に言い聞かせることで、本当のツキがやってくる。

④「楽しいね」。「つまらない」と感じることが多くても、グチることなく、物事をポジティブに考える。

⑤「自分はこんなに仕事ができる！」。仮に仕事がうまくいかなかった日でも、失敗に意識を向けずに言い聞かせる。

⑥「なんとかなる」。うまくいかないときこそ、意識してこの言葉を使うべき。不思議となんとかなるものなのだ。

⑦「大丈夫」。周りの人が困っているときに、素直な気持ちで「大丈夫！」が言える人は成功する傾向がある。

⑧「まあ、いっか」「やれることはやった」という思いを込めて口にする。

「大丈夫」「できるかも！」ハッピーを引き寄せる魔法の言葉

KEYWORD 言い換え

ネガティブな言葉をポジティブに言い換える

日頃、「不安だ」「つまらない」などと感じている人は、自分の口グセを見直してみるのがよい。ネガティブな口グセを続けていると気分が沈み、暮らしに楽しさを見出せず、モチベーションまで低下する。さらには、周りのムードまでが悪くなる。結果、ますます前向きな思考が奪われてしまうからだ。

ぜひ実践してほしいのが、ネガティブなひとり言をポジティブなものに言い換えること。たとえば、「できない」を「できる」と言い換えるだけで、楽しいことが増えていく。「自分にはムリ」と言いたい場面では、意識して「大丈夫」「できるかも！」と言い換える。それだけで、苦手意識を持っていた人に話しかけられるようになり、途中であきらめていたことに再度取り組む勇気がわくだろう。

他にも気持ちや行動を前向きにする言葉は

言葉を変えるだけで自分も周りもハッピーに

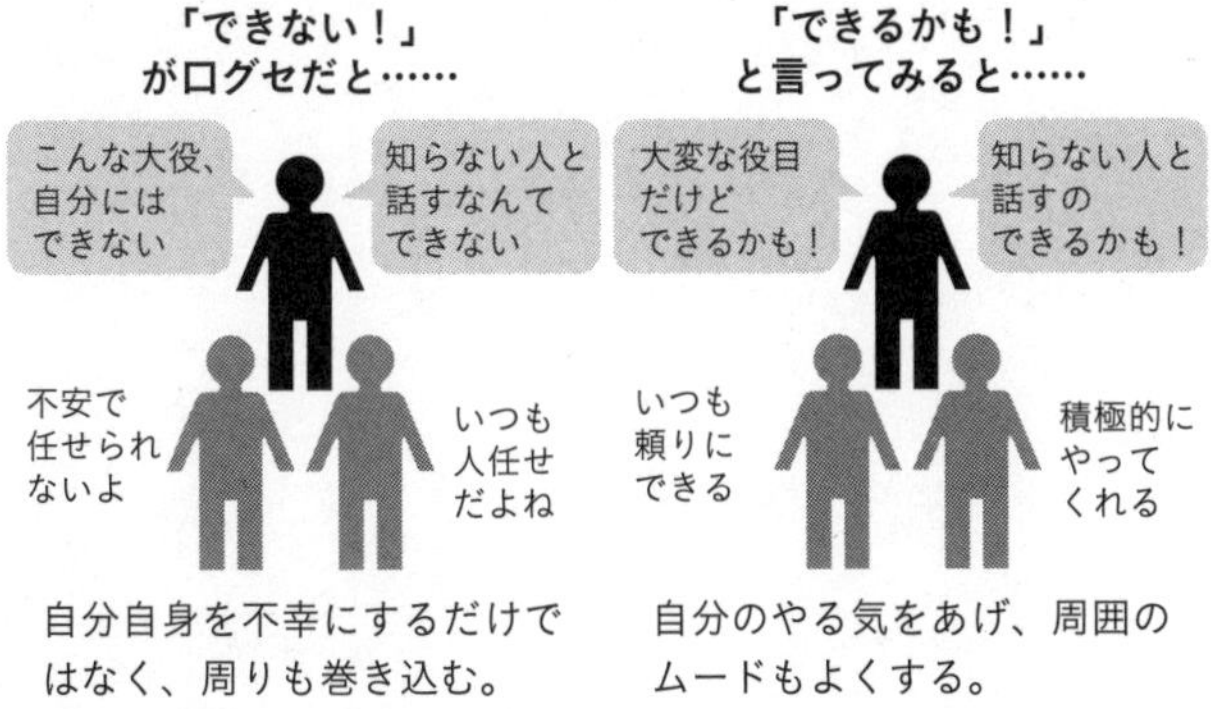
「できない！」
がログセだと……
こんな大役、自分にはできない
知らない人と話すなんてできない
不安で任せられないよ
いつも人任せだよね
自分自身を不幸にするだけではなく、周りも巻き込む。
「できるかも！」
と言ってみると……
大変な役目だけどできるかも！
知らない人と話すのできるかも！
いつも頼りにできる
積極的にやってくれる
自分のやる気をあげ、周囲のムードもよくする。

たくさんある。その代表は「ありがとう」だ。そう言われてイヤな気持ちになる人はいない。相手から注意を受けたり、叱られたりしたときは、「気にかけてくれて、ありがとう」を心がけてみよう。怒りや焦り、不安といった気持ちに支配されることもなく、相手との会話もスムーズに進むことだろう。

自己肯定　知っ得MEMO

「意外と～」を上手に使って苦手の克服を

劣等感を持つ人が使う「どうせ私なんか」には「劣る自分を責めないで」という自己防衛が含まれる。前向きになるためには「どうせ」を「意外と」に置き換えるのだ。「意外とできる」と言うことで、「がんばればできる」という思考が生まれる。

なにごとにも「私は〜」をつけてみるそれだけで自分を愛せるようになれる！

KEYWORD 自分軸

会話でも、ひとり言でも主語は「私は〜」を意識

自分と他人をつい比較してしまう。常に周囲の人の顔色を気にしてしまう。そうした傾向の人は、考え方や行動が自分軸に立っていない場合が多い。たとえ無意識にではあっても、自分軸ではなく他人軸に立ってしまうと、人に振り回されたり、自分の意見をはっきり伝えたりすることができなくなってしまう。

自分軸を確立する効果的な方法は、言葉に「私は〜」という主語をつけること。自分の意思をはっきりと自覚することで、必要以上に他人を気にしたり、相手に振り回されたりすることがなくなるのである。

自分軸を確立する方法は他にもある。夜、1日の行動のすべてを「私は」をつけて思い出すのだ。「私は朝7時に起きた」「私は出社後、会議に出席した」といった具合だ。友だちや家族とのメールやSNSでも、「私は」

を意識した文面にするとよい。

自己暗示効果のあるおまじないも有効だ。自分がちっぽけな存在だと感じたとき、他人の幸福を素直に喜べなかったときなどは、思考をいったんストップして「人は人、自分は自分」とつぶやくのだ。感情を込めずに呪文のようにブツブツと言うことで暗示効果は高まる。

自己肯定 知っ得MEMO

鏡に向かって毎日１分「私は〜」と宣言

自分の思いを相手に伝えるのが苦手な人は、毎日鏡に映る自分に向かって「私はこれがしたい！」と宣言するとよい。１日１分続けることで、「自分のことは自分で決めていいのだ」という自己肯定感が高まり、自分軸に立ちやすくなる。

「〜すべき」「〜はダメ」と言っていない？完璧主義から逃れ出よう

KEYWORD 脱・義務感

自分を縛る「〜すべき」を「〜したい」に変換

真面目な人や周囲の空気を読むのがうまい人ほど、休むのがヘタなのではないだろうか。「平日は仕事が忙しく、家事がおろそかになっているから、休日はしっかりと家のことをするべきだ」「月曜日の会議に備え、日曜日はしっかりと準備をするべきだ」などと考えてしまうのである。しかし、「平日は家事ができない」という罪悪感や「会議にしっかりと参加しなければ」という責任感によって、自分を追い詰めてしまう。これでは決してよい循環が生まれないだろう。

そもそも、「〜すべき」は誰が決めたことなのか？　もしも、誰かから「やりなさい」と命じられたわけではなく、「やるべきこと」として自分に課した義務となっているのなら、一度「べき」を取り払ってみてはどうだろうか。するべきと感じていることを少し遅

らせたとしても、それで生活が壊れることはまずないはず。

しかし、「〜すべき」「〜はダメ」と、自分自身を厳しく律している人には難しい。そんな場合に試してほしいのが、自分の好きな「もの」「人」「場所」「時間」をできるだけ多く紙に書き出すこと。

そして、自分が好きなものに触れる時間をすごすには、どのような生活をするべきかを考えるのだ。たとえば、「カフェでゆっくりと本を読みたい」のなら、その時間をどう作ればよいかを自分と相談するのである。つまり、「〜すべき」という義務の思考を「〜したいなぁ」という願望に置き換えるのである。やりたいことをするためにはどうすればよいかを考え、行動に優先順位をつける。それが心の余裕へとつながっていくのだ。

自分も周りもネガティブにしてしまう「だって」「でも」のD言葉

KEYWORD D言葉

自分だけでなく周囲もネガティブにするダ行の言葉

ネガティブな言葉を繰り返すことで、自分自身が暗示にかかり、行動を自ら制限したり、周りに悪い印象を与えてしまったりするという話をした。ネガティブな言葉を避けるのがよいわけだが、会話の途中に、いちいち「この言葉はネガティブか?」などと考えるのは大変だし、会話のテンポも崩してしまう。そこでおすすめなのが「D言葉を使わない」という方法。

D言葉とはダ行の言葉のこと。具体的には「だって」「だけど」「だったら」「でも」「どうせ」「どうして」「どのみち」などである。ダ行の言葉にはネガティブなワードが多いのだ。

たとえば、「だって〜」のあとに続くのは、多くの場合、言い訳だ。多用していると、「人の意見を聞かない人」と思われ、関係もギクシャクする。また、「どうせ〜」は、「何をやっ

てもダメ」という投げやりな気持ちが伝わる言葉。批判を避けようする姿勢や同情を誘う姿勢も垣間見えるため、扱いにくい人と認識されてしまうこともある。

ネガティブな発言が多いと感じる人は、D言葉を使わないよう心がけてほしい。だが、まずはゲーム感覚で取り組んでみて。

自己肯定 知っ得MEMO

「どうせ」をプラス思考にする幸せのログセ公式

「どうせ」は、続く言葉を「当然である」と認識させる特徴がある。それを利用したのが、あとにポジティブな言葉をつける「幸せのログセ公式」だ。「どうせ、期待されてるし」「どうせ、好かれてるし」などで、思考をプラスに切り替えられる。

「大したことない！」で自分軸を保ち周りの人に振り回されなくなる

KEYWORD 人間関係

人間関係のストレスはひとり言で解消する

日々の生活で、私たちはさまざまな人とかかわっている。中には、押しが強くて図々しい人、グチや悩みごとばかり話す人なども。面倒な人間関係によるストレスは一刻も早く消し去りたい。ここでは、人間関係によるストレスから逃れるためのひとり言を紹介しよう。

「もちろん～」は、相手の話を肯定する言葉。反論したくなる気持ちをぐっと抑えて「もちろん～」から言葉に入るのだ。相手の言い分をいったん受け止めることで、冷静に、余裕を持って会話ができるようになる。

「あの人、よくやってるな！」と思うことで、他人の欠点や落ち度が気にならなくなる。サボっている人に対して使うと、相手も能力が低いながらも精いっぱいがんばっていることに気づくはず。

「あの人も大変」というひとり言は、相手

自然と自分軸を意識できる、ひとり言

嫌われてもいいや
あの人も大変なんだな〜
もちろん〜〜するね！
いつも助けてくれてありがとう
仕事なんて大したことじゃない
簡単でいいんだ！
たまには言い返してみよう

が上で自分が下という思い込みを払拭できる。人の脳は自分と他人を比較するようにできているため、「あの人と比べて、自分は仕事が遅い、評価が低い」などと考えてしまうのは仕方がない。しかし、「あの人も大変」と考えることで、無意味に比較することがなくなるのだ。

自己肯定 知っ得MEMO

わかっているのにできない人の自己暗示を解く

マイナス思考の人は「自分にはできない」という強力な自己暗示にかかっている。そんな暗示から抜け出す方法が、女優や上司など、自分が憧れる堂々とした人を丸ごとマネること。無意識下にある無限の力を使いたい自分になれるのだ。

人間関係のマイ棚卸しリストを作って不要なつき合いをさっぱり一掃する

KEYWORD 人間関係の棚卸し

「他人の気持ちはわからない」と意識する。他人の気持ちがわかると考えるから、相手にどう思われるかが気になるのだ。他人の気持ちはわからないと割り切ると楽になる。

「自分のことを過小評価してないか、疑う」ことも試そう。他人の言葉を気にし過ぎていると、自分を過小評価してしまう傾向がある。過小評価していたことに気づけば、自分の長所も再発見できるようになる。

「尊敬する人のマネをする」こともおすすめ

長いつき合いの友だちでも関係を見直すことが重要

人づき合いにおいて、緊張や不安、苦手意識などを感じる場合、それらを消すためのいくつかの習慣がある。

まず、「正しいかどうかではなく、楽しいかどうかで判断」。正しさを追求すると「間違っているかも」という不安に襲われるので、楽しいかどうかの基準に切り替えよう。

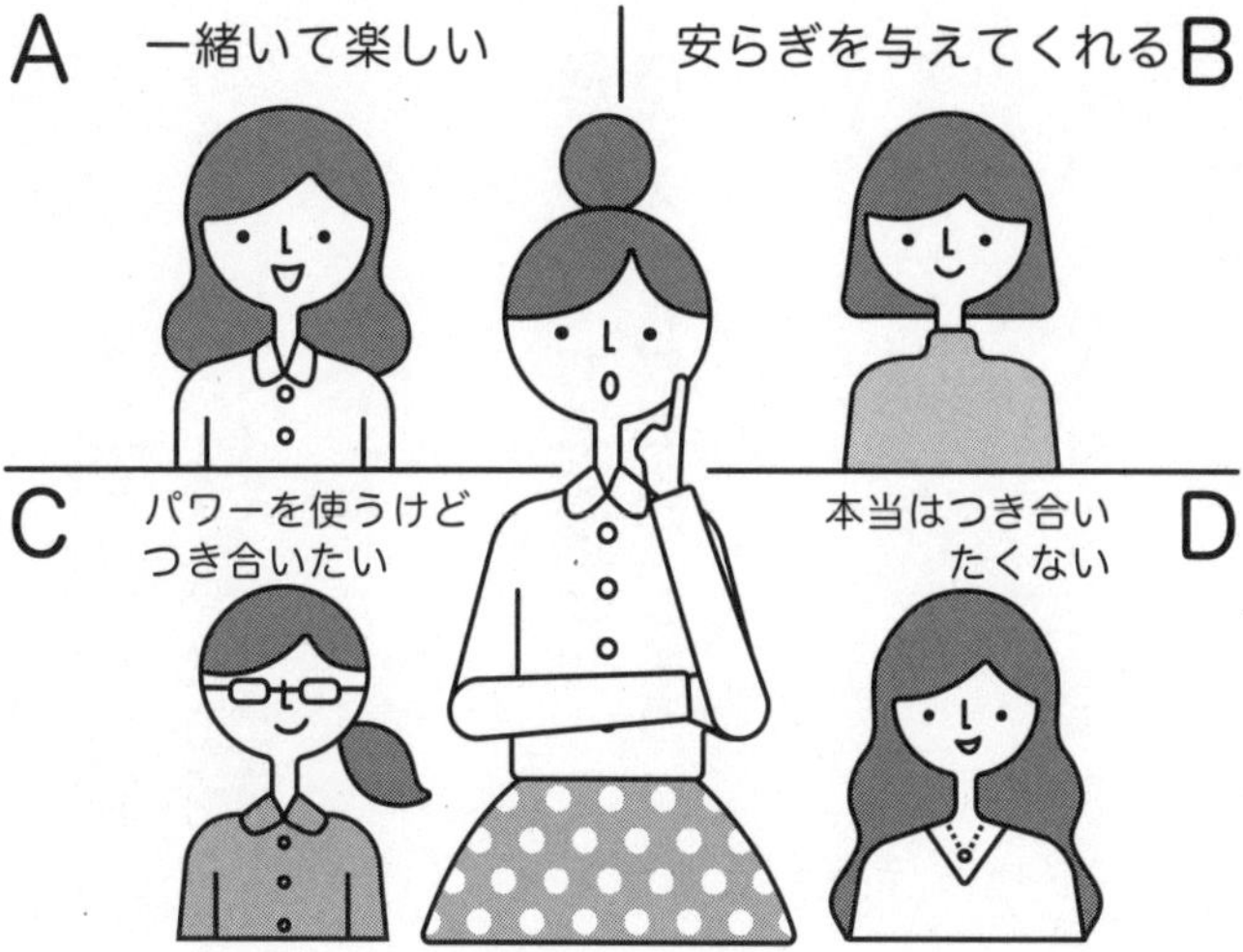
A
一緒いて楽しい
安らぎを与えてくれる
B
C
パワーを使うけど
つき合いたい
本当はつき合い
たくない
D

だ。マネをすることで、簡単に自分の行動や意識を変えられる。

以上の方法を実践しても、問題が解決しない場合は、人間関係の棚卸しをしてみよう。

学生時代は仲よくつき合っていた友だちだったが、お互いに働き出すと価値観が合わなくなって一緒にいても楽しくすごせなくなった。こんな経験をした人は多いことだろう。

こういうときは、人間関係を客観的に見つめ直してつき合う人を改めて見極めるのだ。

はじめにプライベートの時間で会う機会の多い人たちを書き出す。次に「気を使わなくていい」「価値観が近い」「尊敬できる」などといった項目を作り、その人たちが当てはまるかどうかをチェックしていく。

この人間関係の棚卸しによって、つき合うべき人とそうでない人が見えてくるのだ。

もう人と衝突しない！コミュニケーション上手になれる会話術のススメ

KEYWORD 言い回し術

同じ内容でも言葉選びを間違えると嫌われてしまう

話している内容はほとんど同じなのに、自分がしゃべると反発されて、他の人がしゃべると受け入れられる。そんな状況に陥ってしまう原因のひとつは、言葉の選び方の失敗にあると考えられる。言い回しひとつで、相手に与える印象が変わるのだ。

何か頼みごとをするときには、「今、話しても大丈夫ですか？」など、相手の都合を聞く言葉を添えることで、あなたに対する好感度は上がる。また、ここで「ヒマですか？」とネガティブな言葉を使うと相手が不快になるので、「忙しいですか？」と聞いて。

感謝の言葉なら「いつもありがとうございます」などと、「いつも」という言葉を足す。そうすることで、常に感謝しているという気持ちを相手に伝えることができて、相手との関係が深められる。

好感度を上げる言葉集

あなた以外相談できる人がいなくて
言い過ぎてごめんなさい
いつもお疲れ様
○○のおかげで
よく考えたんだけど
センスがいいね！
今、忙しいですか

トラブルになった相手と関係をもとに戻したいなら、謝罪しなければいけない。その際には「言い過ぎてすみませんでした」「不愉快な思いをさせてしまってごめんなさい」と、トラブルの原因を蒸し返さず、まずは気持ちが衝突してしまったことについて謝罪する言葉を選ぶといいだろう。

自己肯定　知っ得MEMO

相手の気分を悪くしてしまうNGな言い回し

「でも」「違うんですよ」などと否定の言葉から会話をはじめると相手に不快感を与えてしまう。自分を守ろうとする「そんなこと知りません」「そんなこと言ってません」なども、責任転嫁の言葉と受け取られる危険性がある。

憧れのあの人のマネをするだけで理想の私に近づき自信がみるみるアップ

KEYWORD 投影の法則

マネをすることによってその人との関係も深まる

65、143ページでも取り上げたミラーニューロン。その特性を活かした習慣を身につければ、自己肯定感をアップさせられる。

その習慣とは、憧れている人、尊敬している人のマネをするというだけのものだ。マネをするのは、テレビで見た有名人でも問題ない。「こんなふうになりたい」と思っている人のマネをするのだから、自然とモチベーションもわくことだろう。

ミラーニューロンは、相手のことに共感する力にも役立っていると言われている。相手のマネをすることで、相手の内面も理解できて、その人に近づいていけるのだ。

マネする際には、その人の素敵だと思うところを書き出して、リストアップしよう。

心理学では「投影の法則」という考え方がある。これは、人間は自分のフィルターを通

して世界を見ているので、世界には自分の心の中にあるものが投影されているという考え方だ。つまり、リストに書き出した要素は、すでに自分の中にあるものなのだ。そう気づくだけで、自分の価値を再発見できる。

　マネをする際には、「同期行動」を意識するのもいいだろう。同じ行動を取ったグループの団結力が高まる現象のことを、心理学では同期行動と呼ぶ。マネをする対象の人が身近な存在なら、同期行動の効果で、その人と仲よくなれることだろう。

　尊敬する人との関係が近くなると、その人と似たタイプの別の人たちとも交流が持てるようになる。似た考えを持つ人や、似た環境で暮らす人は自然と集まるものなので、尊敬する人と仲よくなれば、そうしたタイプの人たちのグループにも入れるのだ。

好きなことをやって嫉妬される人と愛される人は何が違うの？

KEYWORD ストレス

こうした悪循環を避けるためにも、積極的に自分の好きなことをするようにしよう。

だが、「自分の好きなことをやると、周りから嫉妬されるんじゃないか」と考えて、行動にブレーキがかかってしまう人も多い。

好きなように振る舞って嫉妬される人がいるのも確かに事実だが、同じように好きなことをしているのに尊敬される人もいる。その違いはどこにあるのだろうか？

嫉妬される人は、好きなことをしているこ

嫉妬されてしまう人と尊敬される人の違いは？

他人軸の生き方をして他人を優先した行動を取ると、知らず知らずのうちにストレスが蓄積されていくものだ。

あなたの中にたまったストレスは意識しなくても行動や表情として外に表れる。周囲の人はそれを見て不快になり、その感情があなたに向けられ、あなたもイヤな気持ちになる。

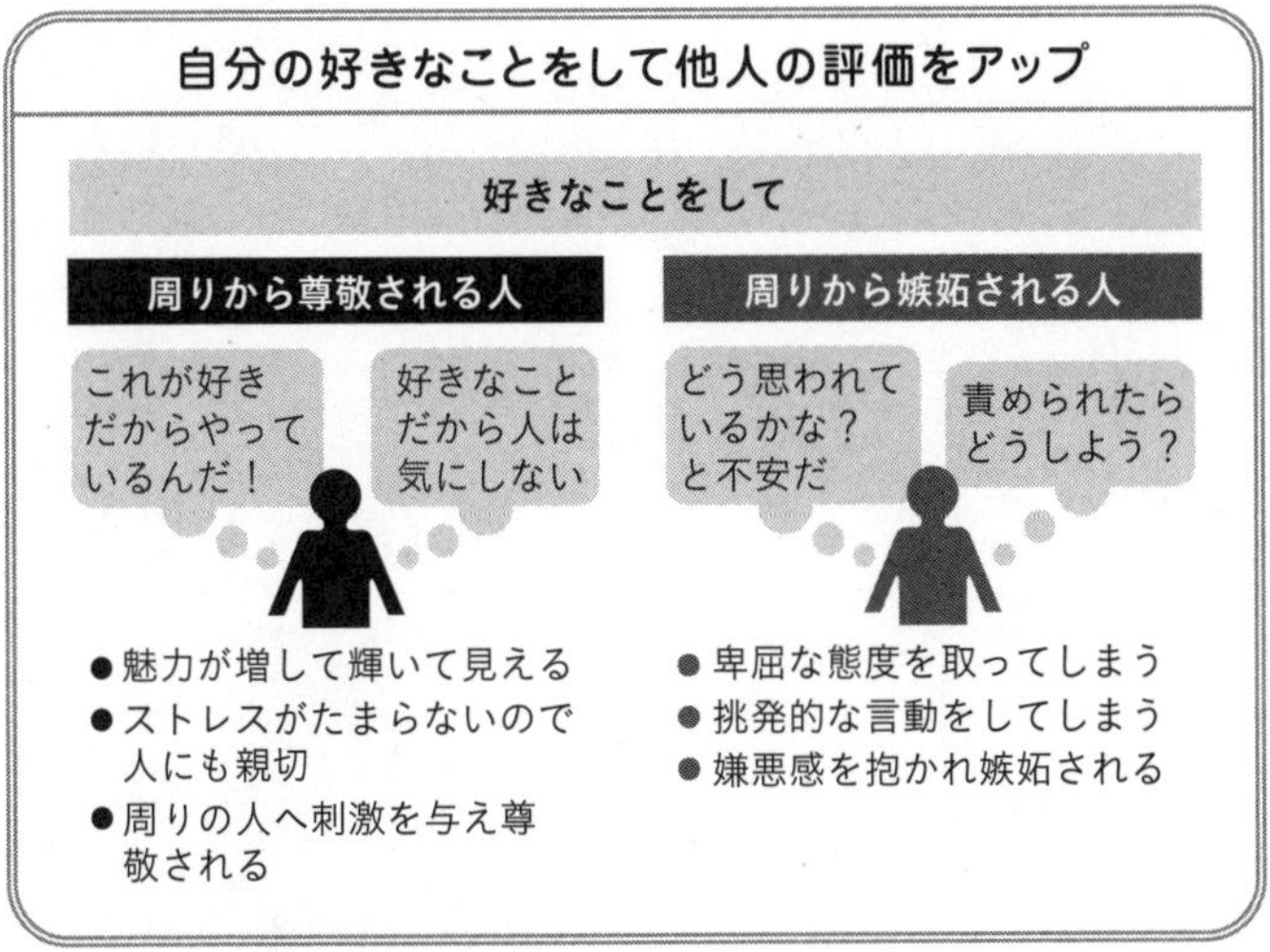
自分の好きなことをして他人の評価をアップ
好きなことをして
周りから尊敬される人
これが好きだからやっているんだ！
好きなことだから人は気にしない
●魅力が増して輝いて見える
●ストレスがたまらないので人にも親切
●周りの人へ刺激を与え尊敬される
周りから嫉妬される人
どう思われているかな？と不安だ
責められたらどうしよう？
●卑屈な態度を取ってしまう
●挑発的な言動をしてしまう
●嫌悪感を抱かれ嫉妬される

とに後ろめたさを感じ、その反動から「文句があるか」という態度を取ってしまうのだ。不安感から卑屈な態度を取って、周囲に嫌われてしまう人もいる。

　こうした後ろめたさや不安がない人は、生き生きとした前向きな態度になるので、周囲にいい影響を与えて尊敬されるのだ。

自己肯定 知っ得MEMO

実際に声に出すことで、自分軸の生き方になる

厳しく育てられたので、自分の好きなように振る舞うのが苦手という人もいる。そういう人は、「やってもいいんだ」と言葉にして口に出すようにしてほしい。常に口にすることで、自分軸で生きられるようになる。

「したくない！」をガーッと紙に書いてポイッと破り捨ててしまおう

KEYWORD 意識の断捨離

感情を一度外に出すことでその気持から解放される

日々の生活を送る中で、どんな人でも大なり小なり嫌いなことがあり、イヤな目に遭うもの。そうしたときのイライラやモヤモヤがすぐに消えてしまうならいいが、心の中のどこかに残っていたり、消えたと思っていても、忘れた頃にふいによみがえってきたりしてイヤな思いをすることもあるだろう。そんなと

きにおすすめしたいのが、次のテクニック。

したくないことやイヤなこと、例えば、掃除や洗濯などを、あえて文章の形にして書き出してみるのだ。きちんとまとまった文章にする必要はない。手書きの場合は、文字のきれいさにこだわる必要もない。人に読ませるものではないし、読まれてはいけない。わき上がる気持ちに従って、思うことをそのまま書き出すようにしよう。

目にしたくない経験や思いもあるかもしれ

ないが、あえて書き出す。気持ちを一度形にして自分の外に出すことで、負の感情から解放されるのだ。

紙に書いた場合は、その紙を破いたり丸めたりしてゴミ箱に捨てよう。パソコンやスマホで書いた場合は、そのデータを消去する。

言ってみれば、「意識の断捨離」のようなもので、捨てるという行為によって、気持ちがスッキリとする。

「匿名ならネット上のブログやＳＮＳに書いても大丈夫なんじゃないか、誰かに見てもらったほうがストレス解消になる」と思う人もいるかもしれないが、身元がバレる危険性もある。身元がバレなくても、書いたことへの悪意のある反応で傷つくかもしれない。パソコンやスマホで書く場合には、ネット上に出さないようにしよう。

自分を好きになれる、とっておきのおうち時間は夜のルーティンがカギ

KEYWORD おうち時間

マイナスな感情を自宅ですごす間にリフレッシュ

仕事から家に帰っても、ダラダラ漫然とすごしてしまう。そんな生活は、自己肯定感の上昇につながらない。おうち時間を充実したものにすることで、自己肯定感も高まるというもの。帰宅してから就寝までの間で1～2時間ほどを確保して、その時間で何かをすれば、おうち時間がポジティブなものとなる。

事前に1週間分の予定を立てておくといいだろう。予定は細かいものでなくて、「月曜日は読書。火曜日は映画鑑賞。水曜日は軽めの運動。木曜日は英語の勉強。金曜日は音楽鑑賞」などといった感じで、ざっくりしたものでOK。

予定を立てて、それに従って行動すれば、「意味なく無駄にすごしてしまった……」と後悔することもなくなるので、前向きな気持ちになれる。

就寝前に日記を書くのもいいだろう。日記の中で自分のことを自分でほめるようにすると、効果的に自己肯定感を高められる。

こうした取り組みをすることで、仕事などで生じたマイナスな感情がおうち時間でリセットされる。フレッシュな感情によって翌日を迎えよう。

自己肯定　知っ得MEMO

起きるのが楽しみになる工夫をする

ちょっとした工夫で、朝起きるのが楽しみになって毎日が充実する。たとえば、目覚まし時計代わりにスマホで好きな音楽が流れるように設定する。カップや皿、バターナイフなどの朝食グッズをお気に入りのものにする、などだ。

ストレスをため込まない心と体の新習慣
自律神経のバランスを整えて私らしく

KEYWORD 自律神経

ストレスや不規則な生活が自律神経のバランスを乱す

人間の体内には無数の神経があるが、その中で私たちの意思とは関係なく、24時間働き続けているのが自律神経だ。自律神経は内臓や血管などの働きや、体温などの機能をコントロールしている、生きる上で非常に重要な存在だ。

自律神経には、心と体を活発にする交感神経と、心と体を休ませる副交感神経がある。交感神経と副交感神経がバランスよく働くことで、健康が保たれる。そのバランスが崩れると全身がだるくなったり、頭痛、肩こり、動悸、不整脈、目まい、不眠など、さまざまな症状が起きてしまったりするのだ。

ストレスや肉体疲労などで自律神経のバランスは崩れるので、日々の生活の中で自律神経を整えることが大切。

自律神経を整えるための習慣としては、ヨ

自律神経（交感神経と副交感神経）の働き

交感神経優位 ▼ 緊張状態		副交感神経優位 ▼ リラックス状態
上がる	血圧	下がる
収縮	血管	拡張
停滞	血流	スムーズ
多い	顆粒球	少ない
少ない	リンパ球	多い

ガや、ウォーキング、ジョギングなどの有酸素運動も有効的。運動で血流が増加すると、自律神経の働きも調整される。外での運動なら日光を浴びて体内時計がリセットされるので、不眠対策にもなる。

不規則な生活も自律神経にはよくないので、早寝早起きの規則正しい生活を心がけよう。自律神経が乱れると体温も低下するので、寝る際には体が冷えないように。自律神経と呼吸には密接な関係があるので、ゆっくりした腹式の深呼吸で心身をリラックスさせるのもいいだろう（182ページ参照）。

そして、何よりもストレスをためないことが大事だ。日常生活の中で失敗してしまったときでも、「この経験があるから、次は失敗しない」などとポジティブ思考で前向きに考えて、その失敗を引きずらないようにする。

夜更かし、暴飲暴食、ネットサーフィン……何気なくやっている習慣は見直して！

KEYWORD NGな習慣

寝る前のスマホや読書はよい睡眠をもたらさない

これまでの生活で身についている習慣が、実は心身の健康にはよくなかったということがある。自分の習慣を見直すと、日々の生活が充実したものになり、自己肯定感を高めることにつながる。

寝る直前までパソコン、スマホ、タブレットなどを使用している人も多いことだろう。だが、パソコンやスマホなどの画面からはブルーライトという光が出ていて、目の疲れを増幅させると考えられているので、避けたほうがいいだろう。

では、紙の本を読めばいいかというと、そういうわけではない。読書はよい習慣だが、寝る直前に本を読むと脳にたくさんの情報が入る。よい睡眠のためには、脳が落ち着いた状態になっていないといけない。睡眠の直前の読書で頭を使うと寝つきが悪くなってしま

スマホやパソコンのライトは睡眠にはよくない

オックスフォード大学の研究チームは、人工照明の明かりが入眠時間や睡眠継続時間にどのような影響を与えるか実験を行った。マウスに緑、紫、青の3色をそれぞれ与えたところ以下の結果が得られた。

緑の明かり………睡眠開始時間が1〜3分早まった

紫の明かり………睡眠開始時間が5〜10分遅れた

青の明かり………睡眠開始時間が16〜19分遅れた

デジタル機器のブルーライトは目にダメージ

人工照明光の中でも特に青色の明かりが睡眠に悪影響を及ぼすことがわかる

寝室はやわらかい光を放つ照明がおすすめ

うのだ。寝る前には、静かな音楽や自然音を聞いたり、自然の光景を映した映像を見たりして、自分自身をクールダウンさせるようにしよう。

　夜更かしはよくない習慣だが、それが楽しみという人もいるだろう。そういう人は夜更かしを完全にやめるのではなく、1週間の中で夜更かしOKの日を作ればいい。その日が楽しみになって、毎日が充実したものになるという効果も得られる。

　同じように、暴飲暴食という悪習をやめる場合も、食べる楽しみを完全になくしてしまうのではなく、好きなものを適量食べるという方向に習慣を修正すればいいのだ。こうすることで、本当に食べたいものをしっかりと味わうことになるので、今まで以上に満足感を味わえることだろう。

「さあ、出かけるぞ！」になれる朝お出かけのマインドコントロール

KEYWORD 朝の習慣

ごほうびを用意することで起床や出勤が楽しくなる

「仕事には行きたくないし、眠くて寝床から出たくない。朝がつらくてたまらない……」といった感じで、どうしても1日のよいスタートが切れない人は、さまざまな習慣の力を借りるといいだろう。

起きるのが苦手な人は、ごほうびとして自分の好物の朝食を用意しておくようにしよう。「起きれば、あれを食べられる」と考えれば、前向きな気持ちで寝床から出られる。

なかなか家を出られないという人に効果的なのは、気持ちを切り替える〝スイッチ〟を自分で設定することだ。「コーヒーを飲み終えたら、家を出る」「朝の番組のこのコーナーが終わったら家を出る」と、自分の中で決めて、それを習慣として毎日続けていれば、いつの間にか、コーヒーを飲んだら自動的にスイッチが入って、自分の中のモードが切り替

わるようになるはずだ。
出かける際のファッションで、アクセサリーなどで光るものを身につけるのもいい。キラキラと光るアクセサリーによって、自分自身の気持ちも華やかなものになる。職場の近くにお気に入りの店を見つけ、出勤のモチベーションを上げるのもおすすめだ。

自己肯定　知っ得MEMO

ちょっとした工夫で雨の日が楽しみになる

ゆううつになりがちな雨の日だが、「お気に入りの傘を買う」などの工夫で、雨の日も楽しくなる。他にも、「雨に関連したデザインのアクセサリーやグッズを使う」「雨の日用のファッションを決めておく」といった工夫もよい。

「今日もいい一日だった〜」になれるイヤなことを持ち帰らない夜の新習慣

KEYWORD 帰り道

帰り道ではカフェなどに寄って気分をリフレッシュするのもいいだろう。イヤなことがあった日には、おいしいものを食べて気分を上書きしたいところ。銭湯があるなら、汗と一緒にネガティブな感情を洗い流そう。

自宅に戻ってからもネガティブな感情を引きずることが多い人は、その感情を断ち切るための習慣を身につけてほしい。

たとえば、リラックス効果のあるアロマで、ストレスを軽減させるのもいいだろう。嗅覚

ネガティブな感情を消すためアロマ、深呼吸、ゲームなど

通勤で使う道の途中で楽しみを見つけられたら、毎日の通勤が新鮮なものになる。忙しい毎日に追われていると、ただの通り道になってしまうが、季節ごとの花を見て楽しんだり、神社や公園、くつろげる店などのお気に入りスポットを作ったりすれば、通勤の行き帰りの道が楽しいものへと変化する。

は怒りや悲しみなどの感情の激しい動きに働きかけると言われているので、イライラなどを強く感じた日にはアロマに頼ろう。

深呼吸にも心身をリラックスさせる効果がある。その日の出来事にあえて向かい合う場合は、深呼吸で心を落ち着かせながら客観的に振り返るようにしよう。

ゲームなど、頭を空っぽにしてできる趣味に没頭するのもいい。ゲームをしない人は「プチプチ」と呼ばれる緩衝材をひたすらつぶして、心を空っぽにするのも手。

何もせず寝てしまうというのも、ネガティブな感情を消化するための方法のひとつ。何もしないことを後ろ向きに感じるかもしれないが、「何かしないといけない」というあせりから余計にストレスを感じるくらいなら、そのまま寝て休息を取ればいいのだ。

自己肯定感の名言

この世で
最も美しい衣装は、
自信というベール。

女優

ブレイク・ライヴリー

第5章

自分のためにていねいな毎日を送ろう！

自己肯定感アップを助けるプラスアルファのテクニック

日々の生活の中で実践できるワザを紹介。
自分の暮らしをよりよいものにすると、
自分自身を愛せるようになるのでお試しあれ。

食事、睡眠……日々の暮らしを変えると自己肯定感がグングン高まる！

KEYWORD 日常生活

毎日の生活を愛せると自分のことも大切に思える

思考や口グセを変えようとしても、ネガティブな考え方に陥ってしまうときには、日頃の暮らしを変えることからはじめてみるとよい。気持ちがマイナスなときは、部屋が片づいていなかったり、食事もジャンクフードやレトルトなどで済ませたりしがちなもの。

自分の暮らしを大切にすることは、自分自身をいたわること。これがプラス思考につながる。日常生活のルーティンの中で、ちょっとした変化をつけてみよう。

食事は見直すポイントが多く、取り組みやすい。人は食べることでエネルギーを補給して生きている。忙しくて食事を抜いてしまうことよりも、良質なものを食べる習慣を身につけよう。心の底から「おいしい！」と思えれば、自然と心も元気になっていく。

片づけや掃除も自己肯定感を上げるために

大切なこと。部屋にぐちゃぐちゃの服や食べて飲みっぱなしの飲食物が散らかっていると、それだけで「自分はダメな人間なのだ」と思ってしまう。まずは身の回りの整理から行い、いらないものは捨てる。古いものを処分すると、イヤな記憶もなくなり気分がスッキリできる。ゴミや不用品がなくなり、スペースが広くなることで、自然と心の余裕も生まれる。そうして思考もクリアになり、物事の判断能力も高まる。

また、入浴や睡眠も自分を大切にする行動習慣。だからこそ、その見直しは自己肯定感のアップにつながる。

考え方がつい後ろ向きになってしまいそうなときには、日常の生活をていねいに送ることから心がけてみよう。思いがけない幸運にも恵まれることだろう。

たった1分だけの深呼吸でリラックス
緊張のホルモンバランスの仕組みを利用

KEYWORD 理想の呼吸

落ち着いて深呼吸するだけで幸せな気分が訪れる

人間は、ストレスが強い環境下ですごすと、脳が変質してしまう生き物。すると、ストレスフルな状況でも、緊張のホルモンの値が上昇しなくなる。緊張のホルモンが分泌されなくなると、やる気が出ずに、集中力も下がる。これによって、「自分はダメな人間である」と落ち込んでしまう。

このようにならないために、ホルモンバランスを整えることが大切だ。脳がネガティブな思考になったら、目を閉じて姿勢を正し、ゆっくりと深呼吸を行ってみよう。

口からはーっと息を吐くときは、肺の中の空気をすべて出しきるイメージで。そして鼻からゆっくりと息を吸う。10回ほど続けてみると、だんだんと思考が静まり、気持ちも落ち着いてくる。普段から口呼吸をやめ、鼻呼吸を心がけることもポイントだ。

るなど、身近なことでＯＫ。ちょっと贅沢だなと思うことから、ささいなことまで30〜50個ほどごほうびをリスト化してみる。
リストができたら、週1、月1とできることをそれぞれ分類してみる。近い将来にワクワクできることがあれば、日常の生活も楽しみにすごせることだろう。

自己肯定　知っ得MEMO

サボりリストを作って自分を甘やかそう

毎日、達成感を感じていないで満足度が満たされないようだと、精神的に張り詰めた状態は続かないもの。あらかじめ手抜きやサボりリストを作っておこう。ノーメイクですごしたり、外食で済ませたり、息抜きも必要だ。

ごちゃごちゃしたものを減らすと「大切」が見つかって人生もイキイキと

ものをため込まないシンプルライフ

家はその人の精神状態を映す鏡とも言える。散らかっていると、生活自体がおざなりになる。反対に、ものが少なくスッキリしていると、取捨選択の判断もクリアになり、やりたいことも見えてくる。

今、部屋の中にものがあり過ぎて落ち着かないのなら、思い切って取捨選択を行う。

KEYWORD 不用品処分

まず、不用品はすぐ捨てるクセをつける。通販などの段ボールは部屋に持ち込まず、玄関で解体してしまう。また、ものを整理するときには、「捨てる」のではなく、何を「残す」かを意識するようにする。すると必要なものだけが、手元に残るようになる。

心理療法家の川畑のぶこ氏によると、ものを断捨離する際には、3つのことに気をつけるとよいと言う。ひとつ目は、自分が管理できる量にすること。ものが多過ぎて自分の管

ものをため込まない心がけ

ものを見直すタイミングを決める

ものであふれかえっている自宅を片づける際、「季節の変わり目」「〇カ月に１度」など、見直す時期を定期的に設ける。

段ボールは室内に持ち込まない

ついつい何かに使うかもと取っておいてしまう通販などのダンボール。あえて届いたときに玄関で解体してリサイクルに。

不便を感じたときが捨てどき

「探しているものが見つからない」「取り出しにくい」などと不便さを感じたときが、ものを捨てるベストのタイミング。

「捨てる」から「残す」を意識する

「まだまだ使える」「もったいない」と、ものを捨てられない人は、「何を残すか」を基準に取捨選択するとよい。

理能力を超えている人が多い。やみくもになんでも捨てるわけではなく、必要な分を残すようにしている。

２つ目は、もので埋められたスペースは、そこに家賃を払い続けているようなものと考えること。処分がもったいないのではなく、使っていない状態がムダと言える。つまり、捨てたほうがプラスと考えればよいのだ。

３つ目は、罪悪感が浮かんでくるものは思い切って処分すること。たとえば、楽器や英会話の教材など、使わないままになってほこりをかぶっているものはない？　見ると後ろめたさを感じるものは、思い切って手放そう。

不用品を片づけたら、今度はひとつ処分してからひとつ買うというルールに。大切なものだけに囲まれた生活空間は、あなたの日常を潤してくれることだろう。

穏やかな気持ちで掃除ができる雑念が消えて迷いがスッキリする禅の心

禅の修行のひとつでもある掃除で心もスッキリ

禅寺で、最も大切に考えられている修行のひとつが掃除。修行僧は、毎朝4時に起き、一日最低3回、多いときには5回もの掃除を行うという。

曹洞宗徳雄山建功寺住職の増野俊明氏によると、掃除＝面倒というストレスから解放されるための片づけのコツがあるという。

KEYWORD 無心で掃除

まず、片づけは朝に行うこと。朝に整理整頓をすることで、すがすがしい気分で一日をはじめることができ、気持ちに余裕が持てる。次に、窓を開けること。ひとり暮らしや、マンションだとつい閉めっぱなしのままの人も多いかもしれない。窓を開けることで、新鮮な空気が部屋の中に入り、自然と気持ちもリフレッシュできる。

掃除をするときには、パソコンやテレビのスイッチを切ろう。雑念がある状態でダラダ

ラと行わないのがポイント。掃除は無心で行う。５分など短めでいいので、時間を決め、目の前のことに集中する。すると、自分自身の心のチリも取り除くことができる。
生活の場をきれいに保つことは、気を整えること。掃除は心を磨く行為と割り切れば、掃除も気楽に行える。

自己肯定　知っ得MEMO

大好きなものに囲まれたスペースで心を整える

朝目覚めたら、寝具を整えよう。気持ちの切り替えができ、前向きな気持ちになれる。また、大切な写真など自分の好きなものだけを置いたスペースを作るのもよい。不安なときはそこを眺め、心のよりどころにしよう。

出しっぱなしストレスから解放されよう「使う場所としまう場所を意識する」収納

KEYWORD 収納場所

ものの置き場所を固定 片づけを楽にするテク

収納が苦手という人は、ものの置き場所が固定できていないことが多い。ものが出しっぱなしだと、部屋も散らかったままだ。

まずは、ものの置き場所を使う場所で定めてみよう。リビングで雑誌を読んだり、タブレットで動画を観たりするのなら、それらは寝室ではなくリビングに収納。朝起きてすぐに眼鏡を使うのなら、寝室のベッドサイドに眼鏡を。わざわざ取りに行く手間を省くだけで、ムダな動きを減らし片づけの手間も減る。

使う頻度が高いものは、すぐに手に取れる場所に置く。家や自転車の鍵など、ついどこかに置いてしまって出しっぱなしになるものは、玄関などに一時置き場を作れば、どこに置いたのか探す時間や手間も省ける。

また、同時に使うものは1カ所にまとめておこう。フリマでの販売をよく利用している

ムダな動きを省く収納術

ごみ箱

使いたいときにすぐ取れるとムダな動きをシャットアウトできる。たとえば、ゴミ箱のそばにゴミ袋をストックしておくと○。

下着

使う場所があちこちにあるときはそれぞれの場所に。たとえば、下着・パジャマを洗面所に置けば入浴前の移動が省ける。

コーヒー

同時に使うものは一カ所にまとめておく。たとえば、コーヒーを飲むときは、ポットやカップ、ティースプーンをひとつにセットしておく。

洗濯機

ハンガーやネット類など洗濯で使うグッズも洗濯機の近くに置いておけば、いちいち取りに行く手間も探す手間も省ける。

食器

食卓で使うカトラリーは食卓の近くに。食器類が多い人は一軍と二軍に分けて、収納場所も分けておく。

のなら、すぐに発送準備ができるように、ビニールひもや、はさみ、ガムテープなどを同じ箱に入れて管理する。そうすれば、箱ごと持ち運んで作業ができる。お風呂上がりに使うボディクリームや爪切りなども、ひとまとめにしておけば、いちいち取りに行く手間がなくなる。もちろん、片づけも箱に入れるだけなので楽だ。

日常的に使うものは、よく使うものを一軍、二軍と分けるのもおすすめ。下着も一軍、二軍が同じ場所に入っていると、出し入れがしにくくなる。食器棚なら、一軍は出し入れがしやすい高さの場所に、二軍は下の段や手が届きにくい上の段に置く。

こうして収納場所によって片づけが楽になると、自分は整理整頓ができるんだという自信につながっていくことだろう。

オフィスのデスク周りの整理整頓は半径1メートルだけでいい

KEYWORD 整理整頓

デスクをスッキリさせて能力以上のスキルを発揮

仕事が忙しくストレスがたまると、余裕がなくなり机の上も片づけがおろそかになる。デスク周りに、飲みかけのペットボトルや読んでいない本・雑誌、付箋がついたままの大量の書類、文房具もバラバラ……。このような状態だと、大切な書類を探すのにも、時間がかかってしまう。、肝心の仕事にも集中できず、成果も上がらないままだろう。

まずは、目の前の整理整頓だけに集中。よく使うもの以外は、とりあえず机の上からどかしてしまおう。

机の上は、グループごとにものをまとめること。日常的に書類の確認が必要ならば、指サックや印鑑などの小物は、100円ショップなどで売っているクリアケースに入れて保管する。平積みにしている書類は、縦置きのケースに入れて立てて収納するだけ。また、

煩雑になりがちなケーブル類も机の縁にダブルクリップで留める。引き出しも上の段によく使うものを入れ、下の段は保存が必要な古い書類などを入れる。
このように、あまり広い範囲の整理整頓をしようと思わず、目に見えるところまで片づけよう。それだけで「私はできる」と思える。

自己肯定　知っ得MEMO

会社を出る前のプチ習慣が前向きにさせる

どうしても整理整頓が苦手な人は、退社５分前だけ、不要な書類やごみを捨てる習慣をお試しあれ。朝出社した際、片づいた机を見るだけでも、頭がスッキリとした状態で集中して仕事でき、スムーズに取り組むことができる。

朝5分だけの掃除に集中してみると「掃除＝おっくう」から解き放たれる

KEYWORD 朝の掃除

1日5分の掃除だけで心のモヤモヤとサヨナラ

掃除はまとめて週末、あるいは月1回。そんなふうに律儀に考えている人ほど、1日5分だけの掃除からはじめたほうがよい。

心の中と身の回りの状態が、相互に作用を及ぼすことは、心理学や脳科学でも実証ずみ。一日のチューニングに大きく影響を与える朝だからこそ、たった5分だけ集中して、見えるところを1カ所掃除してみよう。今日は玄関、明日は台所など、日常的に使う場所を選ぶことがおすすめ。たった5分だからすぐに達成感を得られ、心の中もスッキリ。すると、1日を気持ちよい気分ではじめられるようになり、自己肯定感もアップする。朝にがんばって掃除したところを、夜、仕事で疲れて帰宅したときに見ると、またさらに気分も上がることだろう。

朝出かける前が難しい人は、夕飯の前や、

就寝前などのタイミングでもいい。1日5分だけでいいのだ。もし5分で片づけきれなくても、5分たったらそこでやめる。

それでも忙しくて掃除の時間が取れないときは、窓を開けて部屋の空気を入れ替えるだけでもいい。朝ならば、澄んだ空気を部屋に取り込むことで、心も体も目覚める。

自己肯定 知っ得MEMO

敷いたままの布団は、自己肯定感を下げる

寝具類を片づけないままでいると、運気が下がってしまう。起きて布団から出たら、さっと布団を片づけよう。気持ちが切り替えられて、エネルギーがわいてくる。自己肯定感はこういった小さなことから高まっていく。

〝ちょい〟〝ながら〟掃除で家事の「つらいなあ〜」から逃れられる

KEYWORD 手抜き掃除

生活の場を清潔に保てば確かな判断力が身につく

古いものであふれている部屋には悪い気がたまるということは、心理学や脳科学でも実証されていること。きちんと片づけられた状態の部屋が、心身ともによい影響を与えることは科学的に明らかになっているのだ。

部屋が片づくと、それが必要か、そうでないかを見分ける判断力が身につくようになる。ムダな買い物も減る。ものを探す時間も短縮され、時間の有効活用も可能になる。

また、掃除をすることで3つの能力がアップするという。ひとつ目は気配り。掃除をすることで、隅々まできちんと見る能力が備わり、自然と周りへ気配りができるようになる。

2つ目は主体性。目的に向かって行動できることで、主体性も身につく。3つ目は、部屋が片づくことで思考も整理され、ミスや忘れ物などが減少すること。場が整うことで、

堂々と振る舞うことができ、それが自信につながっていく。

掃除を楽に行うためには、掃除道具を取りに行く際の歩数を少なくすることもポイント。道具は手に取りやすい場所に置く。汚れは軽いうちに落とす。

掃除は毎日〝ちょこちょこ〟やって手抜きをしよう。シンクやコンロは料理し〝ながら〟片づける。〝ついで〟掃除なら毎日続けられるだろう。トイレはスタンプ式の洗剤を使い、汚れ予防をして、１回３分程度の掃除で済ます。洗面所は水気を拭き取るだけでいい。浴室は熱いお湯で室内を流し、こまめな換気を心がける。洗面台も歯磨き〝ついで〟に拭くという〝ながら〟掃除でよい。このように、あえて掃除の時間を取らないという方法で、楽に家事をしよう。

大好きな香りで「オン」「オフ」の切り替えスイッチを自動的に入れよう

KEYWORD 好きな香り

嗅ぐだけでネガティブを取り払ってくれる香り効果

仕事やプライベートなどでイヤなことや、つらいことがあったとき、一番よくないのがいつまでもネガティブな気分を引きずること。イライラや不安を増長させて、ますます自己肯定感も下がっていくことだろう。

簡単に気分転換をするために、香りを利用する方法がある。すぐ思考がネガティブになってしまう人は、お気に入りの香りを見つけておこう。嗅ぐだけで気分のリセットに役立つ。アロマオイルなどを活用し、副交感神経を刺激。気持ちも落ち着いてくる。

嗅覚と脳には深いつながりがある。嗅神経は、脳の真ん中にあり、その近くには、記憶をつかさどる海馬や、感情を操る扁桃体がある。そのため、心地よい匂いを嗅ぐことで、脳の状態を変化させることができ、精神的に安定した気持ちになる。

どのような香りがいいかわからない人は、ラベンダーがおすすめ。ラベンダーは交感神経の働きを抑え、リラックス効果が期待できる香り。寝室にアロマディフューザーを置いたり、持ち運びのできるスプレーを使ったりして、モヤモヤとした気分からはすぐにスイッチを切り替えられる用意をしておこう。

自己肯定　知っ得MEMO

手軽な気分転換　ガムを噛んでリフレッシュ

香りと言えば、香りのついたガムもおすすめ。実はガムには、緊張感をやわらげる効果がある。噛んでいるうちに顎まわりが緩み、顔全体が弛緩するからだ。怒ると眉間にしわが寄るが、表情がやわらぐと、心も緩やかになる。

お風呂は一番のリラックス空間！湯船習慣を「めんどう～」にしないコツ

KEYWORD 入浴

毎日の入浴習慣の改善でポジティブマインドに

仕事や家事で忙しいと、ついおざなりになってしまうのがバスタイム。毎日シャワーだけで済ませてはいないだろうか。

しかし、入浴には心身ともにプラスになる効果がたくさんある。温かいお湯につかると、血行の巡りがよくなり、肩こりや腰痛なども改善される。浮力で体の負担が軽くなることでリラックス効果も期待できる。

また、お湯につかることで、水圧で脚にたまった血液が心臓に押し戻されるので、むくみなども解消される。毛穴も開いて、体の汚れも取れて肌もきれいに。そのような自分なら大切にでき、自信もつくことだろう。

より効果を高めるために、正しい入浴法をマスターしたい。入浴前の水分補給は大切だ。入浴中は大量の汗をかくため、適度な水分補給をしておかないと、脱水状態に近い状態に

温度ごとに変わる入浴の効果

温度		効果
42度	高温浴（熱いと感じる温度）	交感神経が優位になる（朝など目覚めたいときに最適）
39度	温浴・微温浴（体温より少し高め）	副交感神経が優位になる（リラックスしたい、体の疲れを取りたいときに最適）
37度	不感温度浴（体温と同じくらい）	
34度	低温浴（冷たいと感じる温度）	交感神経が優位になる
24度	冷水浴	

なってしまう。湯船には最初から全身つからず、まずは半身浴をしてから全身浴。体の深部体温を上げるためには、10分はつかろう。

そして入浴で体が温まってから、体をよく洗うのがベスト。体を洗うときには、「お疲れ様」と自分にねぎらいの言葉をかけてあげて。すると、芯から疲れが癒やされていく。

最後に全身浴でよく温まろう。お風呂から上がったら、再度、水分補給も忘れずに。シートマスクや入浴剤を使って、自分なりのバスタイムを演出するのもおすすめだ。

寒い冬だけではなく夏でも、冷房や冷たい飲み物で体を冷やす環境にさらされている。だからこそ、シャワーではなく、入浴を心がけるようにしたい。入浴を、仕事とプライベートを切り替える儀式ととらえてみれば、リフレッシュ時間にもなるだろう。

「今日も一日疲れたなあ〜」最高の処方箋はぐっすり睡眠にあり

KEYWORD 快適な睡眠

睡眠を味方にして最大のパフォーマンスを！

人間は、起きている間にさまざまなデータを頭の中で処理している。しかし、実際には就寝時のほうが、より莫大な量のデータを処理している。無意識で行っている睡眠時のデータ処理こそ、効率を高めていきたいところだ。

試験やプレゼン前日に、緊張と不安で眠れなくなったことはないだろうか。でも寝ている間の無意識の力を発揮することで、大量の情報が整理され、朝になると不安もスッキリしていたはずだ。

質のよい睡眠を取るために、いくつかの工夫をしておきたい。人間は体の深部温度が下がっていくと眠くなるもの。入浴後は、体の深部体温が上昇するので、入浴から60〜90分後に就寝時間を設定すると、効率よく眠れる。体温を上げるためには、就寝前にちょっとしたストレッチをしたり、温めた飲み物を

適性睡眠時間を睡眠の仕組みから知る

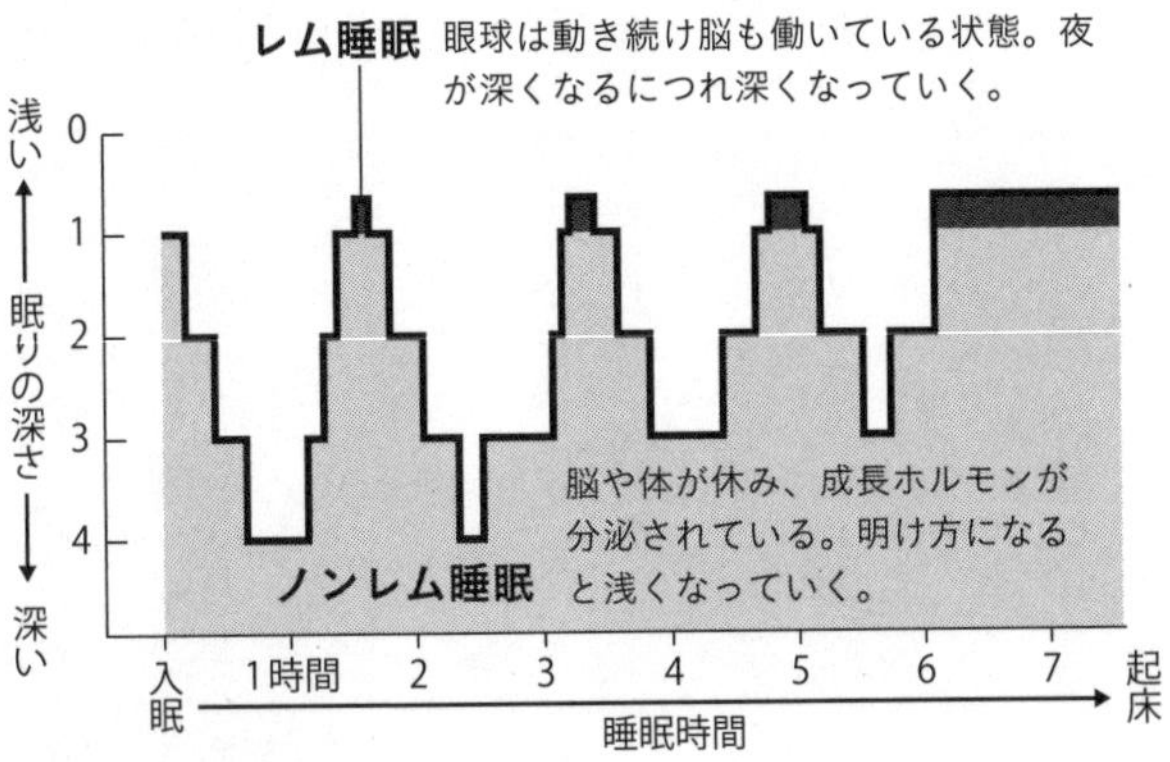
レム睡眠
眼球は動き続け脳も働いている状態。夜が深くなるにつれ深くなっていく。
浅い
眠りの深さ
深い
0
1
2
3
4
脳や体が休み、成長ホルモンが分泌されている。明け方になると浅くなっていく。
ノンレム睡眠
入眠
1時間
2
3
4
5
6
7
起床
睡眠時間

飲んだりすることもおすすめ。牛乳にはトリプトファンという眠気を誘う成分が含まれている。反対に、就寝前にスマホやパソコンを使うことはNG。スマホの画面は眠気を覚ますので、不眠の原因になる。眠れないときには、保冷材で頭や首を冷やすのもよい。熱を冷ますことで眠気を誘うからだ。

自己肯定 知っ得MEMO

最高に気持ちのよい目覚めをもたらすコツ

日光には体内時計をリセットさせて体を目覚めさせる効果がある。起きたら朝の光を浴びるようにしよう。すぐ起きられない体質なら、起床時間の1時間前に暖房が入るように設定して体を温めておくと、心地よく目覚められる。

朝のお目覚めスッキリ！ 快眠へと導く「おやすみ～寝室」はこうして作る

KEYWORD 快眠寝室

最高の寝室で安らぎとエネルギーを手に入れる

寝室は、一日の疲れを癒やし、明日への活力を養う大切な空間だ。質のよい眠りのためには、居心地のよい寝室を作ることを心がけよう。ぐっすり眠ってスッキリ目覚めるための、寝室作りのコツをいくつか伝授する。

ひとつ目は、遮光にこだわること。就寝時、外光が入らないように遮光カーテンを使おう。眠りに落ちるときには、部屋は真っ暗にするのがよい。2つ目は遮音。遮音も遮光同様、重要な要素だ。遮音は、無音ではなく適度な音が聞けるくらいの遮音性が目安だ。たとえば、森や風の音などヒーリング効果のある「自然の音」を小さなボリュームで流してみると、よく眠りにつける。

3つ目は香り。嗅覚は、五感の中でも特に敏感な感覚だと言われている。部屋の空気を変えるのに、アロマディフューザーなどを活

用しよう。ラベンダーなど副交感神経に働きかけ、リラックス効果のある香りを選べば、心地よい睡眠を誘導できるはず。

４つ目は温度と湿度だ。寝る前の1時間ほど前から、室内の温度・湿度はエアコンや加湿器を使い、暑過ぎず寒過ぎず、そして乾燥し過ぎていないというベストな状況に保っておこう。これは風邪を引かないなどの体調管理にもつながる。

また、週1回でも寝具は干して清潔感を保つようにすると、睡眠の質も変わる。枕やマットレスは、自分に合ったものを使うこともポイント。肌触りのよいシーツや寝間着もリラックスを高めるためにこだわりたい。睡眠は毎日の積み重ね。３６５日使うものと考えれば、投資対効果は高い。

お金を大切にする人はお金に愛される！金運を招き入れるためのお財布習慣

KEYWORD 財布の寿命

お金へのねぎらいがあればお財布も潤うもの

ムダ遣いをしているわけではないのに、なぜだかお金が貯まらない。将来に必要なお金が足りず不安でたまらない。誰しもお金に関する悩みはつきないもの。しかし、お金に好かれると、お金が貯まる。そのためには、どうすればよいのだろうか。

まずは、一度自分の財布を眺めてみる。ポイントカードやレシートでいっぱいだったら、不要なものは捨てよう。カードでパンパンの財布からは、お金も出ていってしまうもの。財布には必要最低限のカードしか入れないようにする。また、小銭とお札は別の財布に入れる。そうすることで、財布の寿命も延びる。お金をおろすときには、なるべく新札に換える。きれいな紙幣を財布に入れておくことで、気持ちも引き締まる。一日の終わりには、財布についた汚れを拭き、きれいな布

お金を大切にする人が豊かになれる

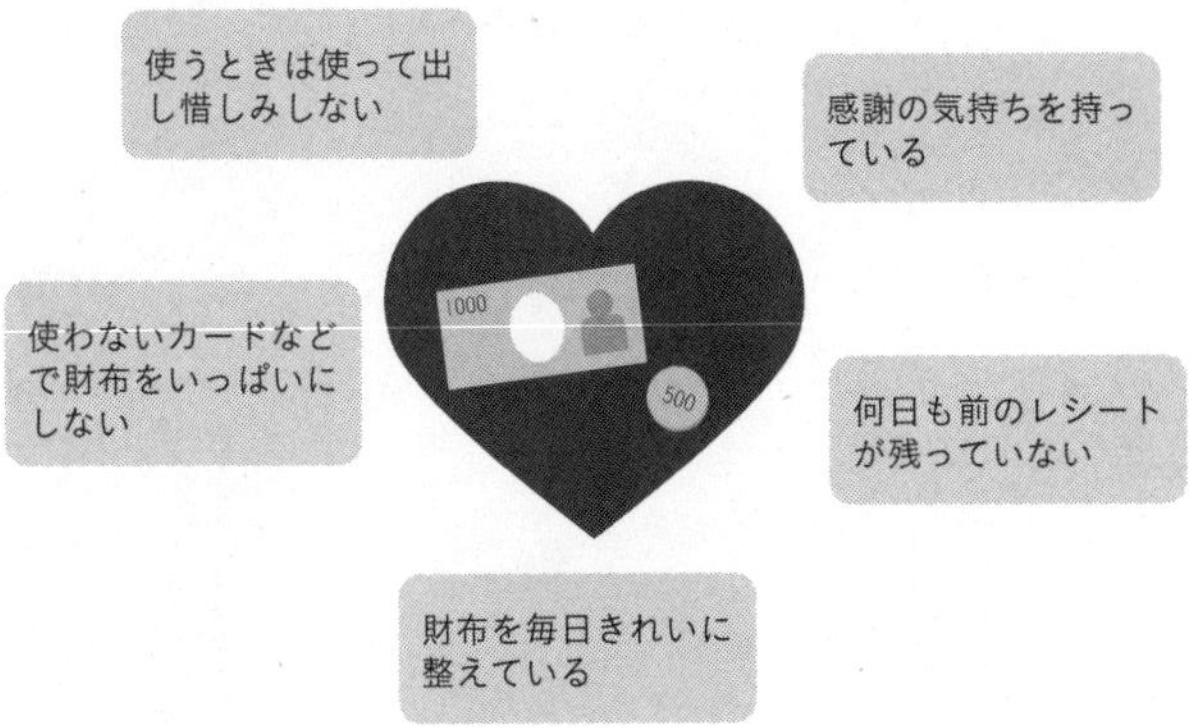
使うときは使って出し惜しみしない
感謝の気持ちを持っている
1000
500
使わないカードなどで財布をいっぱいにしない
何日も前のレシートが残っていない
財布を毎日きれいに整えている

の上に置いておくことも大切。毎日使っている財布も、きちんと休息させよう。
財布やお金を大切に扱うことで、自分の中でお金をムダ遣いしない意識も生まれる。お金から愛される人になるには、いつも感謝の気持ちを持って、お金と友だちになることで、金運も上がることだろう。

自己肯定　知っ得MEMO

お金が貯まるお財布の見分け方

日常的に使うお財布は、安物ではなく上質なものを選ぶ。形は二つ折りよりも、お札が窮屈にならない長財布がベスト。金運には黄色という説もあるが、気にいった色でOK。運気のターニングポイントとなる誕生日に購入しよう。

毎日の料理は3つの「〜ない」でストレスをため込まず栄養満点にする！

KEYWORD 時短料理

手がこんだものでなくてもおいしい料理はできる

毎日、仕事に忙殺され、帰宅時間が遅いと、夕食を作る気力も残っていない。そんな毎日を繰り返していると、体も心もマイナスの方向へ傾いていってしまう。夜ごはんは、3つの「ない」で楽に済ませよう。

ひとつ目は我慢しない。夜ごはんは太るという定説を信じ、甘いものやカロリーが高いものを我慢しがち。それでストレスがたまるのなら、しっかりと食べて料理の時間を楽しい時間にしよう。次の日の昼ごはんを軽めにするなどして、調節すればよい。

2つ目は増やさない。食後の洗い物や調理で出た野菜の切りくずなど、片づけがおっくうで料理が面倒に感じる人も多い。まな板の上にキッチンペーパーを敷き、肉や野菜を切ったら切り終わったらそのままゴミ箱へポイッと。料理もワンプレートに盛りつければ、

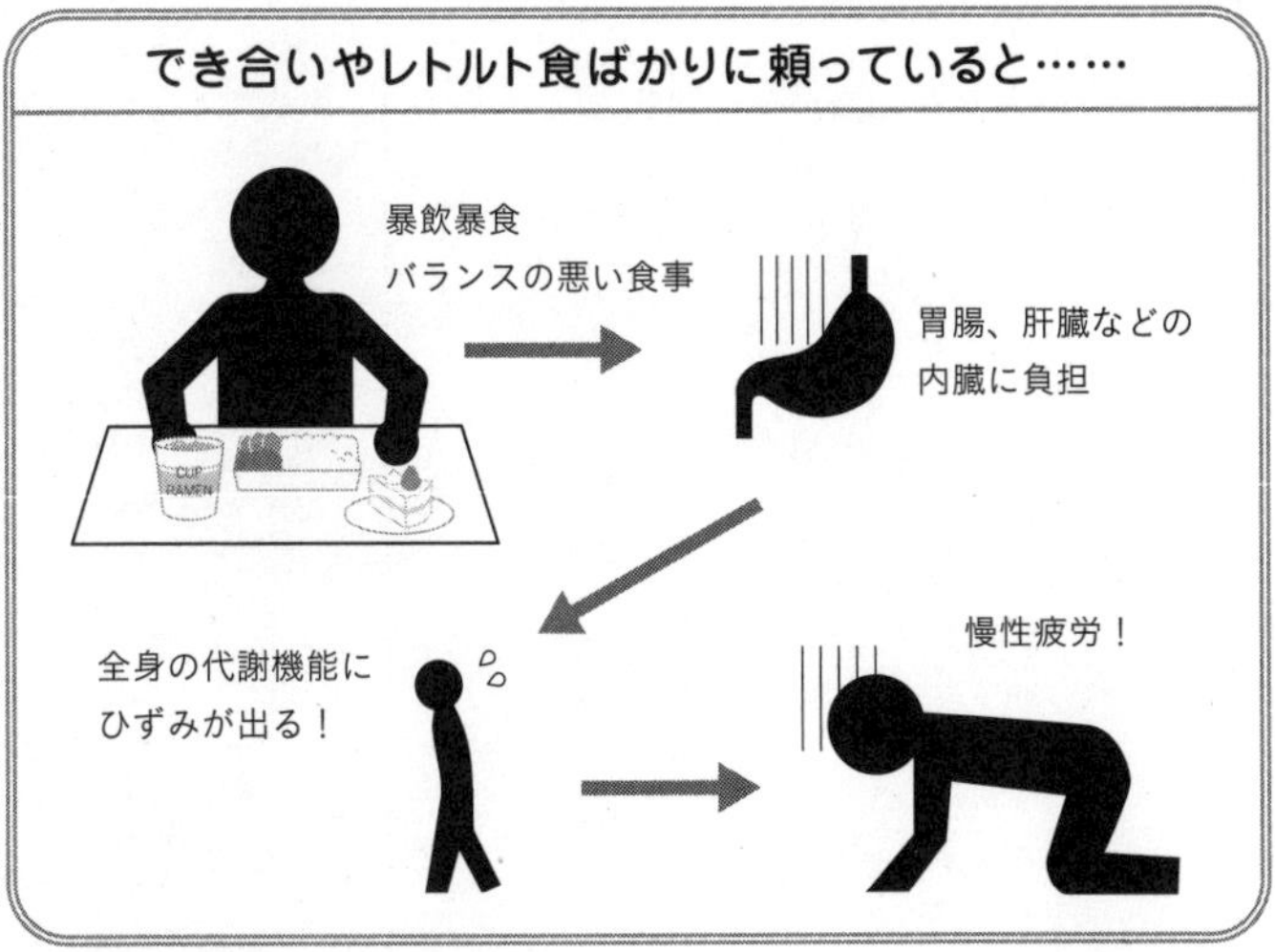
でき合いやレトルト食ばかりに頼っていると……
暴飲暴食
バランスの悪い食事
CUP RAMEN
胃腸、肝臓などの
内臓に負担
全身の代謝機能に
ひずみが出る！
慢性疲労！

洗い物も最小限にできる。

３つ目はがんばらない。手のこんだ献立ではなく、火を使わず食べられる料理で済ませても食材次第で十分栄養は摂れる。豆腐やトマト、レタス、納豆などのノー調理な食材をうまく取り入れてみて。缶詰など調理の手間がかからない食材もどんどん使おう。

自己肯定　知っ得MEMO

ひとり居酒屋で安らげる場所を増やす

「おひとりさま」は、集団の中にいながらも、自分自身を保つ「相互依存」という状態を作るために必要な能力。その練習のためには、ひとり居酒屋が最適。自宅や職場以外に自分が安らぐことができる場所を積極的に増やそう。

目覚めをワクワクできる朝ごはんで心と体に元気をチャージしよう

KEYWORD 朝ごはん

朝ごはんを楽しく食べるだけでお出かけの気持ちが前向きに

朝ごはんは、一日をはじめる上で大切なエネルギー源。しかし、まだ朝は完全に胃腸が目覚めていない時間帯だ。睡眠から覚めたばかりで胃は断食状態になっている。

そこで朝は、腸を目覚めさせるような食べ物を摂るようにしたい。まず、起きてすぐに水か白湯を摂り、体から毒素を排出。フレッシュな果物を食べて、消化を助ける働きのあるフルーツ酵素で排せつも促そう。

朝食を抜くのも体によくないが、ベーコンやハンバーガーなど、ボリュームがあるメニューは、胃に負担がかかるので避けたい。また満腹状態は日中の眠気の原因にもなる。

朝からお腹が空いているときは、具だくさんのみそ汁や漬け物のような胃腸にやさしい和食のメニューを取り入れるのがよい。

しっかりと睡眠を取っているにもかかわら

ず、疲れの取れない人はたんぱく質、ビタミンB群、鉄分が不足しているのかもしれない。たんぱく質を補うには、納豆や豆乳、卵がおすすめ。ビタミンB群は玄米に豊富に含まれているので、パンよりも玄米を食べるようにしよう。代謝を上げて体内リズムを整えると、気持ちも前向きになる。

自己肯定 知っ得MEMO

コップ１杯の水ではじめられる元気スイッチ

人は睡眠時に、汗で水分を失っている。起きたときは脱水症状になっているため、水分補給が必要だ。また、睡眠時に口内に雑菌が繁殖するので、うがいをしてから水を飲もう。胃腸も刺激され、頭と体にスイッチが入る。

すてきな自分をキープするための心と体にやさしい夜ごはんのススメ

KEYWORD 夜ごはん

夜の食べ方を変えて太らない体質を手に入れる

健康的に痩せてパフォーマンスも保ちたいのならば、夜ごはんも見直してみて。ダイエットで食事量を制限したり、仕事が忙しくてすっかり食事を抜いてしまったり、また、外食が多いなど偏った食事をしていると、体調を崩してしまい、ストレスもたまってしまう。

心も体も健康にするには、食事を通じて代謝を上げて、脂肪を燃焼しやすい体を作ろう。そのためには、たんぱく質を多く摂るようにしたい。動物性たんぱく質は、植物性たんぱく質よりも栄養バランスに富んでおり、消化に時間がかかり腹持ちもよいので、意識して摂るようにしてみてはどうだろうか。

夜ごはんで気をつけたいのは糖質だ。糖質はパンやご飯、麺類などの主食である炭水化物に多く含まれている。摂取量が多いと、血糖値が上昇し、体が糖化する。肥満や糖尿病

にもかかりやすくなるので、特に運動量の少なくなる夜は炭水化物を避け、腹八分を心がけよう。一日オフィスにいたなどエネルギーをあまり消費しなかった日は、食事量は少なめに。他にも糖質を抑えるためのコツはある。体を温めるスープやみそ汁を1品でも追加すると、血糖値の上昇を防げ、食べ過ぎも防げる。

また、食べてすぐ横になると、エネルギーが消費されずに、そのまま蓄積されてしまうので、夕食は寝る3時間前までに食べ終わるようにしておこう。どうしても食事の時間が遅くなりそうなときには、夕方に軽く野菜サラダなどを食べておいて、帰宅後は、スープや豆乳などで小腹を満たそう。

いつでもすてきな自分をキープするために、上手な夜ごはんを選択して、翌朝の元気につなげていこう。

毎日3ついいことを見つけよう！「いいこと日記」で私の未来が変わる

KEYWORD いいこと日記

日記にプラスだけ書けば幸福感で満たされる

日記は自己肯定感を高めるのに最適なツール。日記に日々の出来事や自分の気持ちを素直に書くことで、自分自身とありのままの対話ができ、また、自分自身を客観的に見つめられるからだ。

おすすめしたいのが「いいこと日記」。「ほめられた」「今日は髪型がキマった」「いいお店見つけた」など、うれしかったこと、楽しかったことなど、小さなことでいい。ハッピーが詰まった日記を見つめると、自分の幸福度をありありと可視化できる。

書くことが思い浮かばなくても、必ず3つ書くと決めてみよう。短くてよい。自分しか見ないのだから内容は気にしなくていい。しばらく続けてみると、脳がポジティブな思考に変わっていくのを実感できるはずだ。

いいこと以外にも、「早起きができた」と

いうような今日できたことや、人から「ありがとう」と感謝された・人の役に立ったことも書いておこう。自分をほめる言葉をプラスすると、充実感もアップできる。

１日を振り返ったとき、もしイヤな出来事があったとしても、いいことだけを記入するという作業を行うと、イヤな出来事に向いていた意識がいいことに向き、前向きになれる。自分の幸福度に目を向けられるようになり、それが自分軸の強化にもつながっていく。

毎日、日記と向き合う時間を取るのが難しいときは、通勤中・移動中の電車の中でスマホのメモ帳に記録してみよう。続けることが大切なので、自分にムリのない範囲ではじめてみて。日記を通して自分を見返していると、客観的な評価ができるようにもなり、得意・不得意なことも見えてくるようになる。

したいことリストを毎日書き込むと目標がグングンと実現に向かっていく

KEYWORD 目標設定

自分軸を見つけるためにしたいことリストを作る

自己肯定感を高めるのには、自分軸を持つことが重要であることは何度も触れてきた。そうは言っても、今すぐに何が好きで、何がしたいという指針が具体的に出てこない人もいるだろう。

まず、「したいこと」を30個はノートに書き出してみよう。「山に登りたい」「海外旅行に行きたい」など、気になっているけれども、実現していないことでもいい。実現できるかどうかはさておき、したいことを書く。したいこと以外にも、ほしいもの・ことでもよい。30個は多く感じるかもしれないが、○○を食べたい、あの海外ドラマを観たいなど、日常的にできることから見つけ出せば、きっとすぐに埋まることだろう。

このしたいことリストから、さらに「今年中に実現したいこと」をピックアップする。

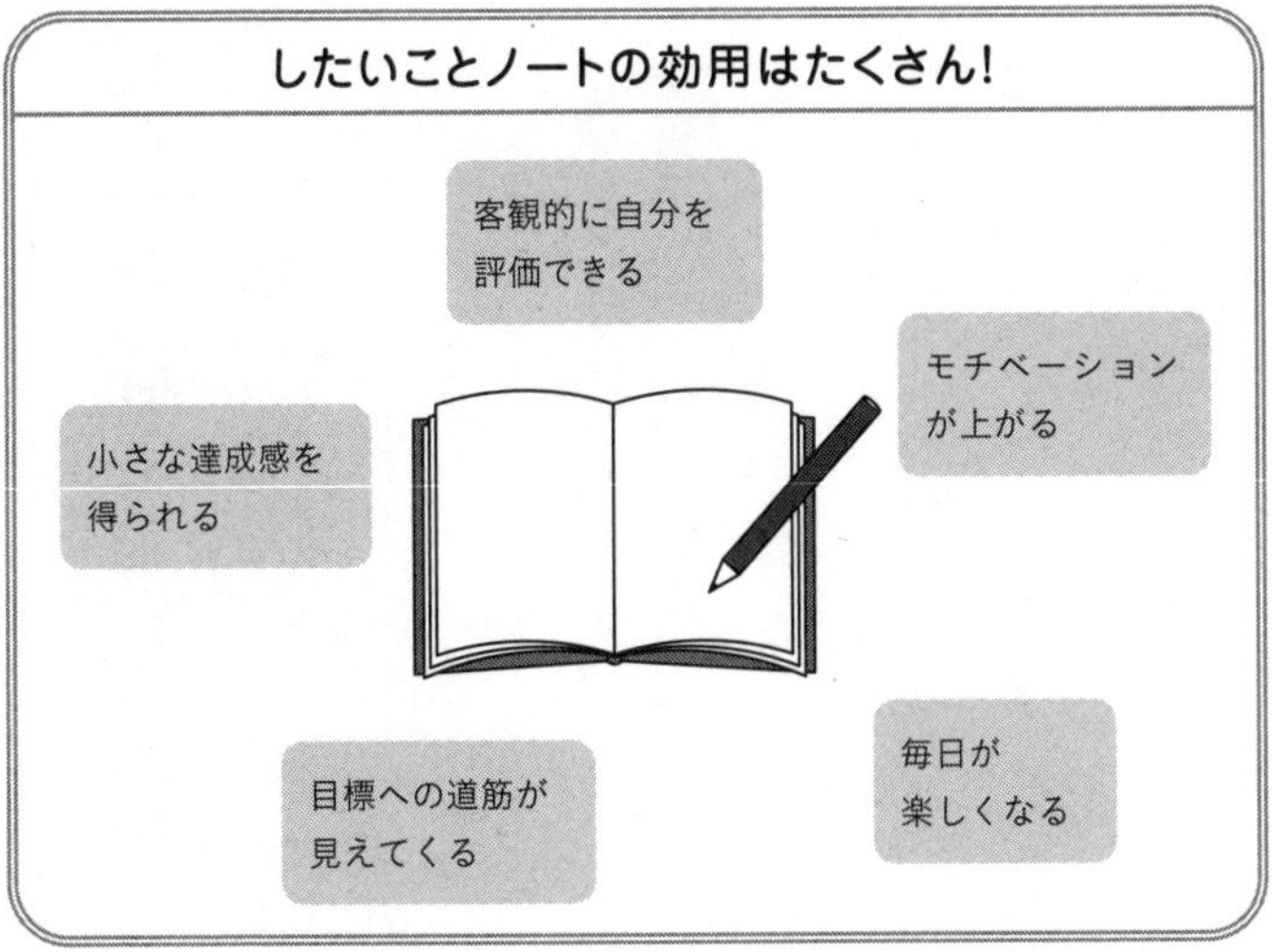
したいことノートの効用はたくさん!
客観的に自分を評価できる
モチベーションが上がる
小さな達成感を得られる
毎日が楽しくなる
目標への道筋が見えてくる

そのときのポイントは、叶ったときのことをありありと想像し、ワクワクできるようなものを選ぶこと。

したい！と思うことをノートに書くことでモチベーションを上げて、さらにノートを見直すことで潜在意識に深く刻まれ、強い自分軸が形成されていく。自分の中に夢への執着心も生まれ、いつの間にか叶っていた、ということもある。夢が叶えば、自分への自信につながり、自己肯定感も上がる。

目標設定には2種類ある。1年後までに資格試験に合格するというような具体的なプロセスを決めた明確な「目標設定型」と、いつかアクセサリーショップを開きたいというような「天命遂行型」だ。どちらがいい悪いというものではないので、自分に合うほうをセレクトするとよい。

「拝啓　私」理想の自分にあてた手紙でありのままの気持ちをしたためる

KEYWORD 自分への手紙

自分への手紙を書くことで本来のやさしい自分に出会う

仕事でもプライベートでも、気持ちが緊張した状態だと、休まる瞬間がない。そんなときは自己肯定感も低くなりがちだ。

悩みや不安でクヨクヨしてしまったときには、自分へ手紙を書いてみて。自分への手紙は、ありのままの自分を受け入れ、認める行為につながる。これを「セルフコンパッション」と呼ぶ。セルフコンパッションとは、アメリカの心理学者クリスティーン・ネフ博士によって提唱された概念で、自分への思いやりを意味する。完璧ではない自分を受け入れることで、深い癒やしが得られるのだ。欠点も弱点も認め、「こんな自分でも大丈夫なのだ！」と受け入れることで、自信を持つことができる。

誰かから与えられるのではなく、自分で自分に癒やしを与えることができ、忙しく生き

自分への思いやりを込めて

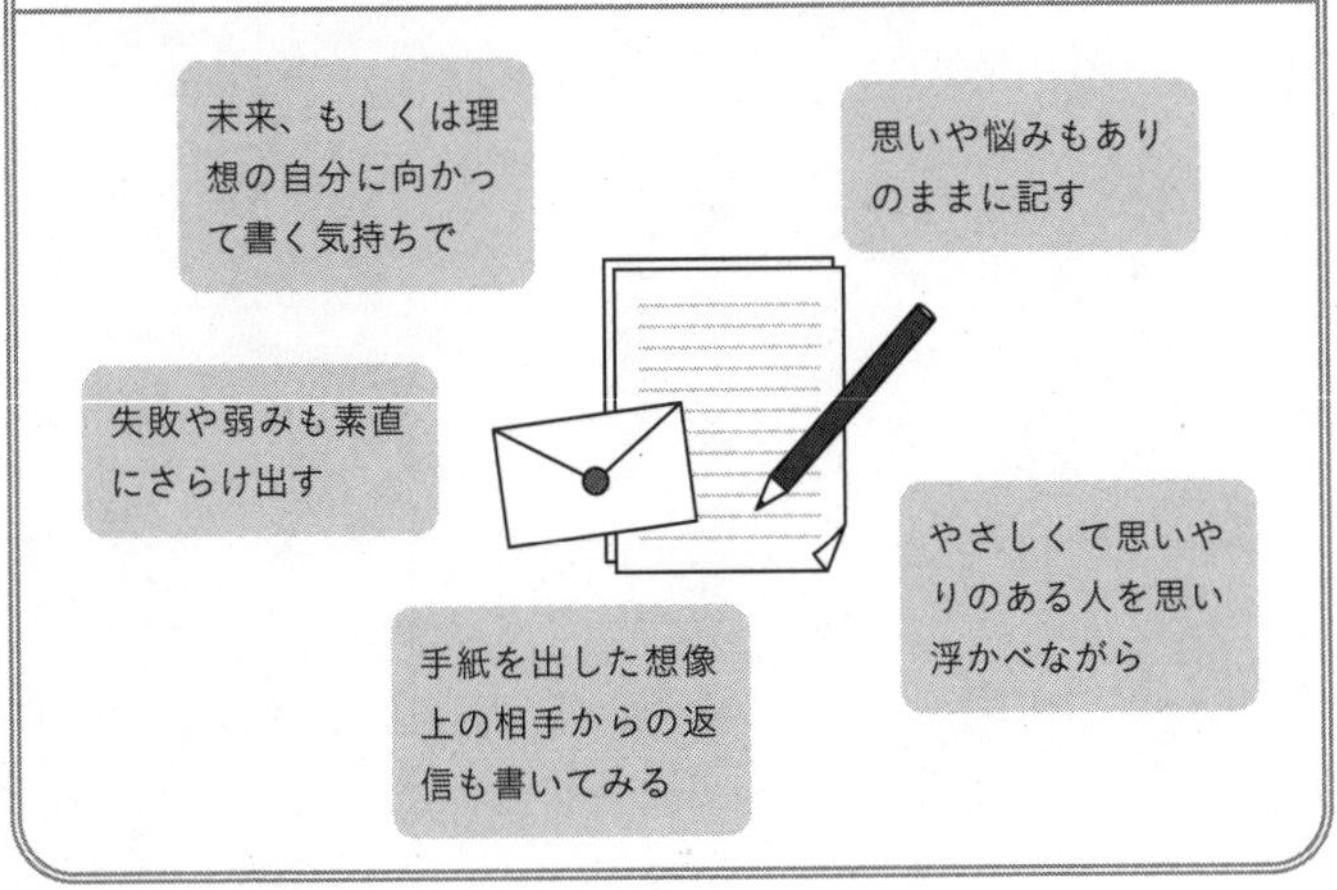
未来、もしくは理想の自分に向かって書く気持ちで
思いや悩みもありのままに記す
失敗や弱みも素直にさらけ出す
やさしくて思いやりのある人を思い浮かべながら
手紙を出した想像上の相手からの返信も書いてみる

ている現代人にはとても重要な作業だ。特に自己評価が低い完璧主義者や、失敗を引きずる人、落ち込みがちでネガティブな思考にとらわれる人には、大いに効果がある。

　自分への手紙を書くときは、まず自分が話を聞いてもらいたい相手を思い浮かべる。実在する人物でも、架空の人物でも構わないが、やさしく思いやりのある人物像を思い描こう。その相手に、今自分が抱えている悩みや思いを手紙にしたためる。このとき、ウソをついたり見栄をはったりせずに、失敗や悩みもすべて正直にさらけ出そう。

　次は、自分への手紙を書いた相手を想定し、その人物からの返信も書いてみよう。厳しくもやさしい視点でアドバイスや励ましを言ってくれるはずだ。手紙を書き終わったあとは、自分に自信を持てていることだろう。

あの人へ「出さない手紙」を書いて心にためていたモヤモヤを吐き出そう

KEYWORD 出さない手紙

架空の手紙を書いて苦しい気持ちを吐き出す

自分の悩みや不満を、誰かに伝えるのが苦手と感じる人は多いだろう。周りの反応が気になって言い出しづらいまま、自分ひとりで抱えてしまうケースも少なくない。

苦しいときには、出さない前提で手紙を書いてみるのがおすすめだ。頭の中にあるモヤモヤは整理がされていないから、書くことで感情を吐き出してスッキリさせよう。何が大切で、何に悩んでいるかわからなくなっても、思うままに書くことで頭の中が整理されていくものだ。

前ページと違い、この場合はつらい出来事をもたらした人物や悩みの対象の相手にあてて、悩みや不満、ストレスを吐き出すように手紙を書いてみよう。出さないと決めているので、迷うことなく書き出すことができるし、相手を意識し過ぎないようにしよう。少し言

葉が強めになっても気にしなくていい。

たとえば、幼少期に厳しかった母親に対して、「テストでよい成績をとったのに、どうしてほめてくれなかったの」「弟ばかりと出かけていたのが寂しかった」というように具体的につづっていく。

あとから読み返して、自分の気持ちを客観的に分析すること。そうすることで、心の中のモヤモヤが解消されていく。自分の中のマイナスの感情と向き合うことで、過去と決別することもできる。

出さない手紙を書くと、自分の中だけで渦巻いていた気持ちがスッキリし、意識が外に向いていく。誰かに打ち明ける、頼るという気持ちも芽生えてくる。

最後は、書いた手紙は破ったり、燃やしたりして、捨てて処分してしまおう。

参考文献

『あなたはあなたが使っている言葉でできている』
ゲイリー・ジョン・ビショップ 高崎拓哉 訳（ディスカヴァー・トゥエンティワン）

『1万人超を救ったメンタル産業医の 職場の「しんどい」がスーッと消え去る大全』
井上 智介（大和出版）

『明日、会社に行くのが楽しみになる お仕事のコツ事典』文響社編集部 編（文響社）

『大人の心理学常識』トキオ・ナレッジ（宝島社）

『「気がつきすぎて疲れる」が驚くほどなくなる「繊細さん」の本』武田友紀（飛鳥新社）

『子どもの将来は「親」の自己肯定感で決まる』根本裕幸（実務教育出版）

『「自己肯定感」が低いあなたが、すぐ変わる方法』大嶋信頼（PHP 研究所）

『自己肯定感 diary 運命を変える日記』中島 輝（SB クリエイティブ）

『「自己肯定感低めの人」のための本』山根洋士（アスコム）

『自己肯定感を高めるお得技ベストセレクション（晋遊舎ムック）』（晋遊舎）

『仕事で成果を出し続ける人が最高のコンディションを
毎日維持するためにしていること』平井孝幸（東洋経済新報社）

『自分を好きになるとすべてがうまくいく (TJMOOK)』大嶋信頼 監修（宝島社）

『人生がうまくいく魔法のひとりごと (TJMOOK)』大嶋信頼 監修（宝島社）

『人生が整う 家事の習慣』本間朝子・藤原千秋・河野真希 監修（西東社）

『世界一しあわせなフィンランド人は、幸福を追い求めない』
フランク・マルテラ 夏目大 訳（ハーパーコリンズ・ジャパン）

『ついつい抱え込んでしまう人がもう無理！と思ったら読む本』根本裕幸（リベラル社）

『疲れた心がホッとする！100 の新習慣（日経 WOMAN 別冊）』（日経 BP）

『なぜか好かれる人の1日5分の新習慣（日経 WOMAN 別冊）』（日経 BP）

『「脳科学 × 心理学」で自己肯定感を高める方法』弥永英晃（大和出版）

『マインドフルネスと7つの言葉だけで自己肯定感が高い人になる本』
藤井英雄（廣済堂出版）

『メンタルにいいこと超大全』トキオ・ナレッジ（宝島社）

『恋愛・仕事・人間関係・健康・お金“寝る前に5分”読むだけで
「不安」がスーッと消え去る本』弥永英晃（大和出版）

STAFF

編集	森本順子、中尾祐子（株式会社G.B.）
デザイン	森田千秋（Q.Design）
本文DTP	G.B. Design House、くぬぎ太郎（TAROWORKS）
執筆協力	池守りぜね、稲 佐知子、浦谷由美子、龍田 昇、玉木成子、野田慎一、松下梨花子
イラスト	刈屋さちよ

トキオ・ナレッジ
Tokio Knowledge

誰でも知っていることはよく知らないけれど、誰も知らないようなことには妙に詳しいクリエイティブ・ユニット。弁護士、放送作家、大手メーカー工場長、デザイナー、茶人、ライター、シンクタンクSE、イラストレーター、カメラマン、新聞記者、ノンキャリア官僚、フリーター、主夫らで構成される。著書に『正しいブスのほめ方 プレミアム』『ずっと信じていたあの知識、実はウソでした！』『メンタルにいいこと超大全』『睡眠にいいこと超大全』（すべて宝島社）など。

自《じ》己《こ》肯定感《こうていかん》にいいこと超大全《ちょうたいぜん》

自分《じぶん》が嫌《きら》い&周《まわ》りの目《め》にビクビク……
モヤモヤが1時間《じかん》でスーッと晴《は》れる！

2021年6月16日　第1刷発行
2022年4月28日　第4刷発行

著者　トキオ・ナレッジ
発行人　蓮見清一
発行所　株式会社宝島社
〒102-8388
東京都千代田区一番町25番地
営業　03-3234-4621
編集　03-3239-0928
https://tkj.jp
印刷・製本　中央精版印刷株式会社

ISBN978-4-299-01774-1